[os invisíveis]

Os Invisíveis

1ª edição

Bertrand Brasil
Rio de Janeiro, 2019

Carlos Nejar.

[tragédias brasileiras]

Copyright © Carlos Nejar 2019

Projeto gráfico: Angelo Bottino

Texto revisado segundo o novo
Acordo Ortográfico da Língua Portuguesa

2019
Impresso no Brasil
Printed in Brazil

CIP-BRASIL. CATALOGAÇÃO NA PUBLICAÇÃO
SINDICATO NACIONAL DOS EDITORES DE LIVROS, RJ

N339i

    Nejar, Carlos, 1939-
      Os invisíveis : tragédias brasileiras / Carlos Nejar. - 1. ed. - Rio de Janeiro :
Bertrand Brasil, 2019.

    ISBN 978-85-286-2439-7

    1. Poesia brasileira. I. Título.

19-59455   CDD: 869.1
                               CDU: 82-1(81)

Vanessa Mafra Xavier Salgado - Bibliotecária - CRB-7/6644

Todos os direitos reservados.
Não é permitida a reprodução total ou parcial desta obra,
por quaisquer meios, sem a prévia autorização por escrito da Editora.

Direitos exclusivos de publicação adquiridos pela:
Editora Bertrand Brasil Ltda.
Rua Argentina, 171 — 3º andar — São Cristóvão
20921-380 — Rio de Janeiro — RJ
Tel.: (0×x21) 2585-2000 — Fax: (0×x21) 2585-2084

Atendimento e venda direta ao leitor:
sac@record.com.br

Para Elza Mansidão,
com amor
e trinta e dois anos
juntos.

À Beatriz e a Fabrício Carpinejar,
devotado filho, a quem devo o mote
desta Amazônia dos Awás.

Para Jussara/Cleto Rossetti
e escritor Deonísio Silva:
fraternos no tempo.

À Maria Beltrão e a Luciano
Saldanha Coelho, amigo raro,
que me acompanhou na viagem
do Monumento ao Rio Doce,
ao Museu Nacional
e Brumadinho.

Longinus.   O invisível é a teia do que é muito visível. (...)
A semente é uma águia. Enterrada,
é que voa.

Paul Claudel.   É a morte que chama
todas as coisas à vida. (...)
Escutai o grito piedoso dos mortos!

Augusto dos Anjos.   Acostuma-te à lama
que te espera!

Paul Valéry.   A coisa mais importante é a que se repete.

Fabrício Carpinejar.   O amor não suporta o entendimento.
Envelheço no povoado da faca.

Jorge Luís Borges.   Nadie es pátria, todos lo somos.

8. **Monumento ao Rio Doce**
    [água]

134. **Martírio do Museu Nacional**
    [fogo]

224. **Brumadinho:**
    Tocata de Barro em Dor Maior
    [lama]

316. **A Amazônia dos Awás**
    [lâmina e ganância]

Monumento ao Rio Doce

[água]

Rio Doce

"Eu fui chamado Rio Doce
E conto: virei defunto.

"Minha pisada é no susto.
Erro sem vara e sem grão.

Notícia do rio
e a emigração

"O que transporto é de foice
Cortando o afiado não,

"Sem ter roçado na sorte.
Quando emigra a viração.

"Então, emigrei de mim,
Emigrei na vitalícia

"Comunidade das várzeas,
Bairros, pontes, vilarejos.

"Se for adotiva a morte,
Ela não vai no que vejo.

"Como a maçã no pote
E a macieira do peito.

"Rio de um Brasil no espelho,
Ou espelho que se desfaz.

"Cada vez que olho nele,
O que não faço se faz,

"Mas o espelho verdadeiro
  É o que a realidade açoita,

"E vai aonde vão ponteiros
  Do relógio que me corta,

"E o que a realidade beira
  Com as imagens e o gesto

"São melões que, pela feira,
  Nas tendas procuram preço.

"E trajo uma lã grosseira,
  Nódoa de farinha ao eito.

"Como explicar a leira,
  Sem o trigo posto a jeito?

"Cavo, cavamos a morte,
  Enquanto a morte nos cava.

"E é duro saber que o corte
  Não vê a ponta que crava".

Pode florir
a água

Cavo, cavamos. A água
Pode florir como a terra?

Não, se a foz do rio é pátria,
Onda de céus, a vinha.

Onda, a videira de algas.
Que pátria que se comparte

Em raios de ardor intactos,
Ó amor, árvore de água.

O que ao refletir, se alarga
E, em água, é a estrela d'alva,

Pátria, pátria em raios de água.
E a Via Láctea, vasilha?

Mas n'água tua pele é argila
E, em gotas, tua ferida,

Tal se pedra na vida
Afundasse tua mobília.

Andorinha — Jamais é corvo a andorinha.
pode ser rio — E a andorinha querendo

Pode ser rio, sozinha:
Só pelo azul descendo.

"Mas eu sou rio pela morte,
Rio de morte tão vizinha,

"Como se a morte andorinha
Fosse, sem asas, suporte,

"Mas o que a morte desprende,
Não vai atar-me ao penedo.

"Morte tem passo de alpendre:
Com o firmamento deslizo.

"E é um firmamento sem eixo,
Batido, ocioso, sem norte.

"O firmamento que a morte
Constelações põe no queixo.

Mas as coisas
veem ao avesso

"Coisas não vão no que vejo,
Por tantas coisas me verem

"Como se viessem do avesso
Ou demasiado viverem,

Vizinhos,
compadres

"Mas outros rios encontro.
Entre si, têm compadrio,

"Afinidade confessa.
Se trago num prumo fio,

"É sonâmbulo no assombro.
Rio nenhum quer ser navio,

"Nem velas, nem marinheiro.
E eu, que ambições alongo?

"Minha água foi confidente
De pássaros, peixes, bichos.

"E, às vezes, tão indulgente.
Até de lágrimas nicho.

"Durmo de água com pés juntos.
O esquecimento me dorme,

"Mas o exterior informe
Quer separar-me do fundo.

"Dizem que a água pensa em si.
Como se dá para os homens?

"Se de sonhar se consome,
Por que dela a morte ri?"

Classe média

Era rio classe-média,
Ou melhor, remediada.

Esta que é de pedra
Diante das intempéries.

Com mesma freguesia
De ter fome varrida,

Ou tal doença tida
Por quem no rasto some.

Aposentadoria

E, rio, creio: mortos fingem,
Se aposentam no Instituto.

Por se aposentarem, herdam
Salário de quem o Estige

Paga o Caronte e, astuto,
Sem devolver-lhes, nega.

Aposentam-se de vivos,
Aposentam-se na leva.

Que o Estado de bengala,
Guia a esses pela cega

Procissão, de abjeta escala.
Pobre aposenta-se morto,

Ou, tal se fosse, de tifo
No erário ou sobre o bolso,

Ou se põe quem se aposenta
No estaleiro sem reforço,

Ou é estaleiro de adagas.
Não há seguro que aos mortos

Aposentados atraca.
Aguardam, aguardam: nada.

16.

Anzol

A dor supera no anzol
De não se pescar mais dor.

Não se aposenta o odor
Dos bosques e nem o sol.

A dor se supera em dor,
Até não ter mais alçada.

Tal se o som de uma balada
Pudesse reter o amor,

Ou tem de alaúde a forma,
Em cântaro, desenhada.

Dor nem fria, nem morna,
Mas se endurece, acalma.

E quem aposenta alma,
Mesmo que alguns não vejam?

Quanto de alma arqueja?
Alma jamais tem vaga,

Ou é a aposentadoria,
Tão prolongada que apenas

Se morre, antes de tê-la,
Ou se atrasa na enxovia,

Ou em tais termos se paga
E, quando chega, se enfurna,

Ou se fana na largada
E, de se apossar, despluma,

Ou, de si, jamais se cura.
Cada governo a projeta

E é maior sua secura
Quanto maior a torrente

Deste outro rio, mais textura,
Porque de se aposentar

Cada número segura
Um mais elevado andar.

E anda, de perecer,
Anda de não vagar,

Pois na lenteza é um ser
Que nasceu de se apagar.

Só a alma não tem vaga,
Por em si mesma pousar.

Quando em homem for entrada,
Jamais alma há de parar.

18.

E nem alma se descobre,
Por não se poder pegar.

Animal, não se revela,
Anjo, cansou de planar.

Minha mãe,
meu pai e irmão

Minha mãe gritou na morte,
Como se gritasse com ela.

Meu pai e irmão sem querela,
De avecês deram-lhe corte.

Rio, brusco é teu alfabeto:
Se tal senhora o gagueja,

É incapaz de algum afeto.
Minha triste mãe peleja.

Procede a aflição da sega.
Corda de areia o jugo.

Corda de saliva o mal,
Mas a alma não sossega.

E nunca vai deixar vaga,
E mais se adia a saudade

De se envelhecer na árvore,
Quanto mais tiver cavada.

Cidadania
da morte

Cidadã remediada,
A morte democrática,

Exímia matemática
Com êmbolo na cauda.

Não afirmo que a morte
Seja corrupta: corrompe,

Mas, rebelde, não se ajusta
E, às vezes, se interrompe,

Ou reflete sozinha,
Nem troca ou dá propina,

Não lava dinheiro. Alinha
Com verdor, número e tampa.

Guarda fervor, estampa
O instante na bainha.

Ou se o trajeto é falto,
Ou se o escuro descampa

Das coisas o anteparo,
Ou se adiantou na pauta

A vadiar em aclive.
Ou se esqueceu do texto,

Mas como é intraduzível
Seu idioma e translado?

No entanto, tem a morte,
Como direito alado,

O progresso com ordem,
Ou a ordem seja ao inverso,

Ou, tal progresso, em morte
Tenha se desvairado.

Ataque de
emboscada

"E, eu, na espreita, atacado,
rio, morrerei tão moço?

"Desde Mariana, em cargo,
De me afogarem, poço?

"Ou por não ter ilusão,
Caio de um frasco absoluto,

"Com respirar caduco
De narinas em prisão,

"Ou afogarei este mosto
De vinho mais destilado?

"Mas nem é cantina o dorso,
Nem, na idade, há cajado.

"Se morro de tão matado,
Foi polir ferro no vale,

"Foi parir berro calado,
Foi parir barro sem caule.

"Água de morte testada,
Água que sai da represa,

"Mais desvalida, avariada.
E em sórdido desterro".

João Cabral
e o Capibaribe

Cabral, teu rio tem selo,
E criou sua dinastia,

Altivo junto ao castelo,
Que por Recife desfila.

Corre-corre de estar vivo,
Como menino solto

De seu pai e que vive,
Conspira, busca porto,

Avista parlas, engenhos,
Sem nenhum calo no gosto.

Como o Capibaribe,
Onde o verso é rua e povo.

S. Francisco: cruza
vários Estados

Francisco rio, tua mão
Encostava muito em almas,

E se escaparam de Rosa:
Tinha por dentro o sertão,

Aquele de Guimarães.
Tal se cansado fosses,

Desde antes, desde o vão,
Que tristeza atravessava

Como em cabo de bordão.
Transpões estados, Chico,

Fronteiras de sóis antigos.
E as coisas duras. O duro

Estômago, tecido
Duro e mais duro sonho.

Rio, na saudade: maduro.
Com jubilosa fama,

Vaidade, apressada chama,
E o him de horas à margem.

Quanta coragem se atava!
Sábio rio não tem fiança,

E com sisudez chovida
Não medes a desconfiança,

E o lume numa criança
Tem arrobas de paisagem.

Rosa se economiza,
Mas tu, não, não. O que tiram

De ti jamais retorna,
E os empuxos como toras

Rolam nuvens e viragem.
Que grameal a solidão!

E Deus investe. Quão
E quanto não terminam

Seres, coisas. Que águas
No cristal do céu ruminam?

E, tu, Francisco, entre as fragas,
Entendes pelo que cresces,

O Guaíba

E, no sul, longe o Guaíba,
Onde conversei com os peixes,

Vinham à tona e me ouviram.
Comem palavra, por sílaba.

Sofre por ter suas pedras
Talhadas de sol na encosta,

E fábricas prendem sua vértebra,
Com relíquias decompostas.

O Guaíba sabe à infância
Guardando grilos na caixa,

E cigarras põem sua gaita
De murmúrios e fragrâncias.

Eu sou tu, mas tu és eu:
Pampa de água, terra, gente.

Nada é igual ao teu poente,
Posto em ti, como no céu.

Nada é supérfluo. Guaíba,
No ramo de fontes, nardos.

Olhos de alce parado,
Ante a árvore da vida,

Fala o
Rio Doce
E vi que a palavra vinha,
E me fitava, tremida.

Era o Rio Doce na brisa,
Língua quase em choro tinha:

Antes ditoso

"Eu, rio, só pesava um ovo
　Colocado no ninho.

"E me tornei passarinho,
　Mas não quis voar de um sopro,

"E fiquei assim comprido,
　Atado às margens e tribos,

"E me aquerenciei de vez.
　Amor só prende ao que é livre,

"E me alarguei nos sentidos.
　Tanto afugentei ruídos,

"Que, ao silêncio, dei trilo,
　Tendo relva nos ouvidos.

"E, rio, fui de andar preciso:
　Casa repleta de cômodos.

"Cortinas, outros adornos.
　Pátio de luzeiros. Olmos.

"No quintal, com hortaliças.
　Vasos: mi(r)tos, margaridas.

"Sobre a sacada de vírgulas.
　As rosas dentro de odres,

26.

"E um pomar sobre a baliza.
  Pombos selvagens no acorde.

"Parreiral de uvas, olivas
  Que a potestade sacode.

"Outrora, eu rio, era lorde.
  Com camisa de poente,

"Firme calça de sereno,
  E cinto de seixo ardente.

"Calçava botas na relva,
  Botas que tinham olhos.

"Eram como se lagartos,
  Tardos, ocultos na névoa.

"Vacas e cravos pastavam
  Num corredor de juncos.

"E a verdade tem lado,
  Com muros de ervais adultos.

"Mais: heras de cinco facas,
  De empunhaduras cautas,

"E arbustos como se flautas,
  Ou breves copas de sarças.

"Depois alfaias e cedros
A se atirarem, espadas,

"E o alvorecer sem jaça
Tem alamedas de tempo".

Mas, rio, para aonde a alba,
Pelos ginetes de escarcha,

Quando não há lei na graça,
E os caracóis, sons na harpa?

A verdade também pasta
Atrás de jacintos, favas,

E o tecido não desgasta
Sob uma nuvem de garças,

E o esquecimento apenas
É tal se pegasse fogo.

Pássaros de brancas penas
Ruflam por dentro do escombro,

Porque o rio jamais esquece,
Nem finda nos seus contornos

Ao se aliar no que a terra
Funda, de vasto trono.

28.

Tão pequeno ao teu arrulho,
Rio, se em nuvens resvalavas

Com tanto afinco e apuro,
Como cativado mulo,

Nítido sotaque de água.
Breve diante dos rijos

Flancos e pés severos:
No osso da luz plantavas.

Chegando tardios os cevos,
Bica, ou filão de sono,

Descalçavam-se nas veigas.
Sumindo tudo no sorvo.

Rio podre

"E ora, rio, me alteio podre,
De entorpecido repuxo,

"Cardo espantado, sem flores.
Raros peixes. Sem consolo.

Penhores

"E a morte é tal se os objetos,
As roupas e meus projetos

"Viessem a ser penhores.
Se me desvinculo deles,

29.

"Eu me desvinculo todo.
 Se pela morte rodo,

"Que será das minhas vestes?
 E do roupeiro de nuvens?

"Ou do paletó dos meses
 O chapéu de aba e penugem?

"O que ficará com o lodo?
 Se de nadas sou avaro?

"Não hei de ter posses, toldo.
 É sobre o nada que pairo".

Inda
os objetos

E ao nomear os objetos,
Os objetos nos nomeiam,

Como se fossem oráculos,
Ou profeta em nosso seio,

Mas, no rio, que objetos?
Nenhum esteio no embargo.

Se permanecem, são netos
Das coisas, alguns enteados.

Sim, há uma genealogia
Dos objetos sem cura,

A de as coisas darem cria,
Com descendente moldura,

Raio, nebulosas,
astros

Mas amor fluiu num raio,
Nebulosas caem no gorro,

Astros fixos sob o talho
De ponto sul sem socorro.

Falcões, Abutres

Falcões e abutres escavam
No ar de grandezas: molho,

Mas, à realeza, vaidade:
Tudo, tudo o barro invade.

Barro: invasão,
veneno

E mais destroça a infância
O envenenar do barro.

E aos animais enterra,
Jacarés, capivaras.

E órfãs tartarugas
Avulsas em suas plagas.

Não é infância nas rugas:
É água com mão golpeada

Que se desdenha e enxuga
Na decadência o visco,

E o sufocar dos bichos,
O amordaçar das plantas,

Crianças,
porcos, galinhas

E junto ao rio a mistura:
Galinhas, crianças, porcos.

Crianças grunhem e empurram
Um grito os porcos nos fossos

De estrumes. Que é do homem
E dos bichos? O que esboça

Na mescla de mesma fome?
Nada os distingue no lodo,

Cárcere

Nem se compra ou se vende
Tamanha angústia, se apenas

Caranguejos se estendem
Entre si e enrolam p(er)nas.

Em grupo morcegos pendem:
Escuros baldes jogados,

Baldes e baldos ascendem,
E a treva é viscoso caldo.

É um cárcere mais ancho
Que o inferno retece,

Lateja e morde o gancho
Deste abraço terrestre,

Ou somente regaço
De porteiras, fazendas.

E valados, calendas
Em senhoriais monjolos,

Bois, cavalos

E o gado não come lodo,
O lodo é que come o gado.

Digere madeira, rancho,
E digere pasto, estábulo

De cavalos altaneiros
Que relincham a assustá-lo,

Porém, ao trotarem nele,
Inertes, caem os cavalos,

Caem os galopes e os coices,
Como se, em músculos, peles,

E o esperto barro se insere,
Até de voragem serem.

Invocação
ao pampa

Certa vez, disse Fabrício
Ao seu pai que volte ao pampa,

Depois que o pampa voltasse
A este pai, mas não sei quando.

Talvez nos ossos, ou voando,
Ou em versos de *Canga* e outros.

Mas trato do funeral
De um Rio a contar desoras.

E, junto a ele, o país,
Que já sem divisas, chora.

Sinos e cílios arando
Esta dor puxando relha.

Chora com pedra rolando,
Chora ao ter as ovelhas

Seu balido nas estrelas,
Entre pálpebras baixando,

Mas chorar não tem desígnio:
Choram mortos pelos vivos,

E o rio em palavra me olha,
E ao rio escuto, contrito.

Desolação   "Morro com o abandono,
Se não morro de pistola,

"Morro de muita insônia:
Balas duras de lama.

"Mais do que arma de fogo,
Com a culatra vulnerável,

"Este disparar do lodo,
Ou este lodo disparado.

Bêbado

"E deito bem de lado
Como se fosse bêbado,

"Ao ter tomado tragos
No bar de lodo feito.

"Bêbado, sim, tão bêbado,
que perdesse os pertences

"E com roupa dormida
Na cama entre lêvedos

"De sono e outros quedos
E mais nenhum arreglo.

"Eis que conheço a dor
De quem já bebeu tudo,

"Se tudo me bebeu.
Tudo me pôs sem ninho.

"Mais náufrago que o céu
Junto ao mar passarinho.

"Tão bêbado de Deus,
Estirado entre músculos

"De animais pelo breu.
Todo instinto é recluso,

Defuntamento
"Todo candor inerme.
"Morro, rio, mais defunto

"Que algum corpo no túmulo,
Agitado por vermes.

"Quem diz que meu silêncio
De bicho: come o filho,

"De árvore come fruto,
De nada, come tudo?

"Até a própria caliça.
Como em febre quando

"Vou defender-me, rio,
Se a treva me mastiga?"

Andar trôpego
É na loucura, a fadiga
Que te degrada, rio.

36.

Andar dúbio, coxeante,
Tropeçando entre fuzis.

Teu andar de dobre, dobro,
Como se à contramão,

Pé ante pé: chão firme.
Quase a quebrar-se, vime,

Ou a quebrar-se no tato,
Ou pela perna em desídia,

Que, sem suportar nada,
Já suporta a própria vida.

Sino   Quem na luz gravita enxerga.
Como o que ao ler um menino,

Ao céu vê sobre as letras,
E as letras vergam em sino,

Mas ler na infância é vereda,
Os escondidos na sílaba.

Há que puxar sobre verga,
A corda que logo trina.

Trina a manhã no badalo,
Trina a tesoura na ira,

Por não rasgar nenhum talo
Do alvorecer em cima.

Quem na luz gravita enxerga,
E o que com procela dita,

Assenta-se sobre as letras
De uma leitura infinita,

Os adiamentos   E, em tudo, me confino:
Ou de ervas, ou formigas.

O solo férreo de sílabas
Que o martelo, então, fabrica,

E o rumor de faíscas
Árduas, tão árduas como

O entardecer da lâmina,
Ao ter no fojo, fogo.

E donde este insumo
De uma morte tão dada,

Que não percebe o rumo,
E extraviou-se nas larvas,

Ou não extravia o sumo
Deste pêssego de nadas?

Cada coisa tem o preço
De ver a luz pela fresta.

Sesta

"Rio, fiquei sem a sesta
Depois de almoçar limos,

"Liquens, lanchei o barro,
E há fungos no destino.

"Depois do sarro firmo
Tal saber, tal apetência,

"Que quando melhor me exprimo,
Extraio do fel, grandeza.

Rio letrado

"Mas é do que me gabo.
Perdoai-me, sou letrado.

"Bem atiçado, culto,
Que as universidades,

"De sofrer, me deram custo,
E os doutos que se banharam:

"Deles, ganhei virtude.
Essa sapiência que os loucos

"Têm, sem sabor do conteúdo,
E as palavras que catei:

"Ilesas ou de ataúde,
  E outras de mais saúde.

"Vislumbro que a elegância
  Não vem de grandes palavras.

"O mais simples é o mais nobre,
  Por ser o que se despoja,

"E as que retoquei se alojam
  Na cavidade rebelde.

"Depois se apuram: esponjas.
  Mais lapidadas e sérias.

"E o bardo que me descreve,
  De linguajar ossudo,

"A ele desculpo. Vede:
  É no escondido que estudo,

"E ouvi, de peixes, discursos,
  Alguns até eloquentes,

"Como o de certos políticos,
  De tanto comerem pedra,

"E, em vez de pedra, dinheiro,
  Não sendo os peixes, como eles.

"Nem enganam, resolutos.
Esses peixes vestem luto

"Por naufragarem no veio
Cariado e irado de lodo.

"Olhos fincados no abismo,
Que se tornam monossílabos.

"Ou tão entornados neles,
Olhos de garrafa, hirtos.

"Lamento tal descalabro
Com outro bem mais ativo

Crianças
e o barro

"E que jamais compreendo:
De o permitirem os homens —

"Como entender? — que de fome
Crianças ao barro comem.

"E com barrigas enormes,
Barrigas cheias de barro,

"Ágrias, de olhar informe.
Que a fome não tem salário.

"Nem devem sonhar, se dormem.
E, ao despertarem, tremem,

"Que o barro, já sem renome,
A todas, de manso, come".

Peso

Oh, como pesa estar vivo!
E como pesa ser homem,

Acatar um orbe estranho,
Ou até o tempo vindouro,

Pois existir é tão caro,
Que pagamos por centímetro,

Ou cada alqueire amaro,
Pagamos juros, signos,

Ou vetustas duplicatas,
Ou quem sabe outros títulos,

Mesmo as peras madrugadas
E os marmelos da brisa.

O possível
e impossível

"Se fiquei, rio, sem a sesta
Pelo meu dormir antigo,

"É que adormeço a floresta
E ela dorme comigo.

"Cuido que o pesadelo
De lodo não me turbe.

"Sem mais nenhum apelo,
Que a morte a morte uive.

"O possível limita.
O impossível não basta.

"Quis elevar-me, tal águia
Para vida mais concisa.

"Talvez soberba seja
O que me tenha açulado.

"Caminhando com os pássaros,
Ou ao desterro amargo.

"Munia-me com alturas
E de profundidades.

"Aquelas me apuravam,
Essas, na dor, me invadem.

"Mesmo que a morte me agrida,
Ou me acorrente. Mais

"Lutarei. Que a saída
Alcança o rio no homem,

Soluço
e fábula

"Ou sob o aperto da fome,
É soluço o rio, enquanto

"Humano. E, em luz, resida.
Com lavas, seu duro sopro,

"Mas é ínfimo o que posso,
Se o lento ataúde baixa.

"E da guitarra do corpo
Se esfaz o trinar da fábula".

Mas não é guitarra a água:
Era guitarra o rio.

Se o jorrar agora tarda,
Não findava de fluir.

E vai, porfioso, rio, urso
De garras, fundos e fragas.

Ou palmos rasos, difusos,
Iguais a tal virada

De trem que leva a bordo
Sua chaminé de almas,

E transporta em vagões
Parvos bois, cabras de água.

Sono da
infância

Despertei, cioso, o rio.
Apenas de grandes pálpebras.

Com o resto caladio.
"Quero acabar de dormir",

Me disse, "antes que morra".
Não duvidei de sua forra,

Mas deste sono convulso.
Respondi, guenzo, confuso:

"Acabaste de dormir,
Rio, sempre e sem parança".

Mas dormir não tem instância.
É talvez forma de ritmo,

Ou morria de dormir,
Ou, em metade, dormia,

E noutra desacordava.
Ou, então, dormia na infância.

Não despiu

E a água não despe escamas,
Tal como se uma donzela,

Com sua saia de lama,
Puída, abrindo as estrelas,

Ou, em trânsito da janela,
Rente ao passadio eu visse

Lânguida moça em cisterna,
E nua com a luz dormisse.

E, se a beleza é feliz,
Sólida reluzia,

Quanto mais se desprendia
O que a plenitude quis.

Moradores São os que habitam a margem,
ribeirinhos Não sem fereza, mais pobres.

Cavados pescam, salobros,
Com gulas de amora a tarde.

Barcos turgem, não andam,
E o medo comparece

No mugir da varanda,
Vendo o que desfalece

Sobre rede ou na renda.
Argila nos sentidos,

Argila toda em venda,
Ou cão já sem latido.

A quieta cauda encolhe,
E, igual, é o rio vencido.

Engolido no molhe,
Só remenda gemidos.

Não possui latifúndio,
Nem fermento no covo,

Nem sesmaria de onda,
Jurisconsulto o lombo.

De que vive   E do que esse povo vive,
o povo   De trapos do mangue, nada

Em fama, dinheiro, crise?
De suas águas tirava

Os vinténs, as agruras,
E ganhos, luas da aljava.

Tirava o que não virava
Remos de falas na barca.

De vento é que vive o povo,
Ou em lodo a varejo e tenda.

Antes era o peixe à venda,
E lhe bastava de soldo.

Os que moram na margem
Não aventuram como aves,

Mas a indigência é quase
De aluno em repetência.

Não se arranca de nada
O que é nada. Se gente

Carece de água e o mar
Carece de correntes.

Esta água é demente,
Por rarefeita, sósia

De si mesma, de repente.
Água que não desposa,

E a rareza enlouquece
De sensatez ou sardas.

Se pobreza tem rosas,
Doze espinhos, a água.

Agora o que lhe basta?
Colhe esmolas da indústria,

Colhe família que falta,
Colhe da cobiça a caça,

Colhe pecúlios escassos
De lodo e o necrológio

48.

Dos seus mortos sem relógio.
Alguns sem enterro, lassos.

Atolados no espólio,
Que a lama agarrou com laço

Dos ofegantes escolhos.
O nada de um nada esparso.

Arrolamento
de males

"Rio, não morri mais
Que os ribeirinhos nas casas,

"Nos móveis, carros, na água
prazerosa de beber.

"Nem consegui morrer mais
Que os pescadores nos peixes.

"Todos, mortos, não se mexem
Debaixo das sombras, rotos.

"Não morri mais do que o mar
Dentro do barro e enfermas

"Praias, no enfermo ar.
Não morri mais do que a morte

"De não poder mais matar.
Com inanição covarde,

"Motor pronto de parar
E vi o morrer das árvores".

E atesto: a morte é árvore
Que mão nenhuma plantou,

Nem precisou de semente,
E tem sob a terra voo

Mais rápido do que os pássaros,
O subterrâneo da espera.

Sem vendaval, só passos
E, de empurrar, se enterra,

Mas, como árvore, a morte
Só apodrece no cerne,

Ou floresce para o ventre,
Com os seus ramos, vermes.

Governo
da República

E governo é o que sobra.
E, às vezes, sua míngua.

Quem julga no lodo, a cobra?
É nada que a um nada singra.

Com manobrar: patinete.
Para até render o vento.

E sabe-se: bem comum
É depreciado verbete,

Coletivo para alguns,
Tais, que é preciso lentes,

Pois a cultura é canhota
E, nem assim mesmo, escreve.

A educação perneta,
A saúde anda de costas,

Pois o imposto não volta,
E mais é exigido. Crosta

De outra e outra sem monta.
Se a dor educa a morte,

Não sabemos em que borda.
Nenhuma versão disfarça

Este pêndulo sem corda,
E coisa pública é água,

Ou quotas de gotas, nada,
Pois nada retorna ao povo.

Com taxas: vagas sem água
Que não manam para a fonte.

Riacho de juros. Montes
De cavernas sem bisontes,

Ou de tantos cargos de água,
Que, sôfrego, o poder traga.

E o humano em governo cansa,
De tanto ficar recluso.

E tão do povo que alcança
Ser de ninguém em tudo.

Decretos-leis
Rio, que fazer dos decretos
Impostos ou devolutos.

De vinhedo: velhos cachos
Postos garganta abaixo.

Sim, que fazer dos decretos,
Sobretudo, os cabisbaixos,

Pomposos, os mais seletos,
Postos garganta abaixo.

Decretos beneficentes,
E alguns imberbes e castos.

Artigos talvez candentes,
Postos garganta abaixo.

Mas, às vezes, voam pombas
Dentro desses decretos.

Outras vezes, codornizes
Com reticentes dejetos.

Como se nalguma estátua
De praça quase silvestre.

Decretos, decretos: reses
Pastando, tal se na água

Fossem pairando e, nos meses,
Mastigando-se a si mesmos.

Entre ignaros conveses
E enlouquecidos deuses,

Serão prazos de cobiça,
Ou gafanhotos no casco.

Decretos todos em liça,
Postos garganta abaixo.

Justiça

Se a justiça é do governo,
Que governo é da justiça?

Se, em vez de julgar, legisla,
Que faz o povo com ela?

Tal se não tivessem vigas
A segurar as colunas,

Mas o que julga os juízes
Não é o acender da lua.

O que ninguém depura
E devassa as origens

É a injustiça e loucura,
A filha de sua filha,

Exceções   Mas há os que não se curvam:
Os sérgios moros e poucos,

Com seus nomes compostos
De subir cem sóis acima,

Que a noite será redoma
Da pátria e suas colinas,

E o tempo saberá vê-los
Com amor que a luz aciona.

Não é tesouro estar vivo,
Se a escuridão declina,

Mas viver nesta oficina
De resistir nos resíduos.

Orçamento

E o rombo do orçamento,
Igual a frestas na sina,

É desses que, com resina,
Sobre troncos, põem lamentos.

Nem das Parcas o remendo,
Pode supri-lo nos fios.

É atar no tear vazios,
Prendê-los dentro do vento.

O rombo do orçamento
É rombo de navio.

Mesmo que o parlamento
Legalize o vazio,

Ou legalize tudo,
O fundo, o fim do rio,

Não legaliza o medo
De quem vai no navio.

Não legaliza a morte,
Não legaliza o frio

Dos ossos no transporte,
Sepultando o Brasil.

E são pregos de barro,
Os mesmos que do rio.

A tábua sem resvalo,
Com martelo viril.

Enchem de sangue os valos,
O gemido, o fuzil

De repuxo a cavalo:
Sepultando o Brasil.

E são pregos de barro,
Os mesmos que do rio.

Barro que sorve o povo
E já sorveu o navio.

Barba

Triste, não quis fazer barba,
Tão hirsuta, nazarena.

Como se a sorte que falta,
Rio, em tua barba crescesse.

Ou é barba a sorte, véspera
De outras vésperas terrenas.

De nada é que brotam nêsperas,
Ou é a barba morte apenas.

No entanto, só a morte poda.
E poda dentro, na quilha.

E, se ela não se comporta,
Jamais de nunca serena.

Fala de nossa
condição o rio

"Humanidade é por milha,
A humanidade é no tombo.

"Sou um rio que não se encilha.
E prossigo, de ombro em ombro.

"E ser humano é coxilha,
Onde o desamparo foge.

"E a ambição da noite
Nos acolhe em seu alforje.

"Sim, meus irmãos humanos,
Tal como eu, de água e jorro,

"Rios sois e não presumo.
Que fazer do que somos?

"E amor é igual à água
A todos os viventes.

"Igual à luz aos peixes,
E o céu verde de sede.

"Rios de verdura e sono
 Também sois e a palavra

"Tem no prever a lava:
 Ao se mover, move o sonho.

"E se sois do silêncio,
 Também o sois de mim.

"Quanto mais ele se nega,
 Mais é que se faz sem fim.

"A vida tem muitas voltas
 E apenas uma chegada,

"Mas certa pompa disfarça
 O nada que vai na bolsa,

"Mas, sois, como eu, sujeitos
 Ao mesmo lodo e ao homem.

"Com todo o suprimento
 De ruminada fome,

"Com sua tração de esterco.
 Nada sobra deste ódio

"Exaurindo desconcerto:
 De morder, ele se morde.

"Ou mais. Põe porcos no cocho
E a inveja com sua trampa.

"Reputação em desgosto.
Com a fraqueza na força".

Lembrei   E lembrei: tal se ao repolho,
Tirasse a flor que o protege.

Ou do nojo, o arcabouço.
Ou da carnadura os ossos.

Mas, que hei de fazer, salvo
Amortecer esta lâmpada,

Como se de nebulosa,
Arrancados fossem tojos?

Aterrada dor das coisas,
Dor da costela ou estrela,

Dor de laje sobre a campa,
E não sabemos no estojo:

Se a vida é apenas treino,
Ou jornada sem termo.

Jornada sem enterro,
Por enterrar, vivendo.

Movimento
e ação

E o movimento não é ação
(Ó Hemingway!). Fui morto

Desde que a imaginação.
Desde que estes relâmpagos

Enlouquecessem. Eu vi
Sobre os degraus do rio.

Ou eram trovões em cio:
Filhotes. Morri de mim,

Mas disse o rio: "Descidos
Somos de cores, símbolos.

"Contamos igual história
E se existimos por dentro,

"Nos desatamos por fora.
Somos todos a memória

"Que tem a mesma epiderme
Que damos ou desdenhamos.

"Todos, todos na corrente,
Todos em mesmo cerco,

"Mas, ó sorte que se assina,
Se a sentença não se lê?

"Não resolve quando a sina,
Ou destino não se vê.

"Não há paraíso — afirmo —
Sem reparar o que é.

"Ou acaso tem paraíso,
Para um fluvioso ser?

"De uma só mulher, marido,
Com a alba é que vou viver.

"Sim, entre tantos viventes,
De me pertencer não cedo.

"Eu, de água renitente,
Vós, em matambre de medo,

Cavalgar
demoras

"Mas ninguém já nos controla".
E reparei como a espora,

Junto do baio na infância,
Era cavalgar demoras.

E com tão crescido tino,
Ou sela que se desloca,

Quanto ajudava na sova
De regressos e partidas?

61.

Mas hoje suamos cinzas
Com noites: brasas, sentidos,

Como, se, pelas entranhas,
Fosse o mundo concebido,

E não sei se mais assíduo,
Fora do lume ou vigília.

Com pedra fechando o muro,
Tem domínio à revelia.

Dor coveta, sem maranha,
Dor de haver tanto ruído

Ou nenhum. Porosa chama
De trem, ou fogo fugido.

Dor de estação, sem apito.
Dor de caminho, sem dreno.

Este amor que não explico
Sem cessar o pesadelo.

Lance   E a partir de esperanças,
O desviver é alcance.

O que com pedra lança,
Volta no mesmo transe.

62.

Volta, tal a destreza
Devesse mais à pedra,

Do que ao atirador,
Que, lento, à morte azeda,

Mas, de cair, vaga-lumes,
Cigarras pousam na foz.

Como se botões nos cós
Da roupa. Botões na voz.

Ou esta dor de estar a sós,
Tendo gatilho no dedo,

Arma em pontaria: cedo.
Com disparo aceso, algoz.

Sem pegadas
e pó

E a inflação nos depôs,
Enforca em barro, atropelo.

Não tem pegadas a mó.
Refugia-se em aterros.

O que nos visita, é o pó,
E no arremesso de pedra,

A um tiro. Dali, retiro
Piedade por nós. E dó.

Ou piedade pelas noites,
Ou as bestas que não têm pouso.

As noites sem horizonte,
Com dor humana nos ossos.

Piedade? É surdo o barro
E enruga a moeda, suja.

Até na efígie, o desmaio
E o enterro da República.

A inutilidade não é
Da morte, a inutilidade

Da inutilidade é o
Disfarce do desastre.

Perigo Cava, cavamos. Insetos
dos insetos Esvoaçam, picam. Quando

As asas todas são leito,
Com teto da morte arfando.

Que a água parada, sonde:
De insetos, esconderijo.

A morte passa no fisco,
E o avisado se esconde,

Mas sobre a madre da lama,
Eis a concavidade

Do mal que, sem pestanas,
Tem muitos olhos na tarde.

Cavo, cavamos a morte,
Enquanto a morte nos cava.

E é duro saber que o corte
Não vê a ponta que crava.

E se a sorte segue um rito,
Que rito, leitor, assiste

A este picar que insiste
Em atingir na veia, o grito?

Figuras de homens   Não sei se meros insetos,
ou insetos?   Ou tais figuras bizarras,

Que a muita ambição agarra
Do lodo, talvez do lixo.

Ou no zoo de aves raras,
Tipos inconcebidos,

De dentes prolixos, garras,
Ou aves do Paraíso.

Não sei o nome, o reclamo
Destes seres e visgos.

Insetos, aves ou bichos,
Desassossegos humanos.

Zoo funesto, cativeiro
De espécimes porejando,

Cobiça e olhos matreiros,
Brasas de água queimando.

Partilha

Há estadistas de quando:
Honrados passageiros

De constelação chegando.
E estadistas de celeiro,

Que apenas como se bando,
Ou quem já tivesse império.

E nação é uma mansarda.
Quanto maior o minério,

Mais amada e idolatrada,
Até que nada se salve.

Toscos mestres do delírio,
E são no delírio, feixes.

No aquário ariscos peixes,
E, em canteiros, negros lírios.

Sob o álamo do povo,
Falam, falam: não estão.

Nem nas folhas, brotos novos.
De si mesmos desde o grão.

É analfabeta a moeda,
E, com eles, mais ainda,

Pois a esperteza é o novelo
Que nunca mais desenrola.

Nem o crime, nem processo,
Indícios têm da matilha,

Ou por terem fios desfeitos,
Ou por legal garantia.

O que recebem de entrada
Não carregam na saída,

Nem retêm consigo nada:
Por ser em bando a partilha.

Restos
de ferro

"Mas, ali, que honra lego?",
Sussurra o rio. "Que paragem,

"Onde estações amolecem.
Com a tepidez mais reage,

"Quando debaixo é o silêncio
Por endurecer sentado,

"Presto a conter o incêndio,
Ou ir junto, sepultado.

"E os peixes que sobrevivem,
Como em cratera palpitam,

E tensos a mim vomitam.
E eu, por mim, sou vomitado".

Tácito o rio. Mas eu, não.
Caroços — vejo — de ferro,

Que parecem sem limite.
Caroços que roem os bichos,

Querem, ávidos, mamar
Tetas em minas sem mar.

E seu veneno inocula
Todos os seres anfíbios,

E até outras criaturas
Que não decifram a esfinge.

Não inoculam a morte,
Por ser ela tão parceira,

Parteira, jurisconsorte,
Imune a esta goteira,

Porque nela sempre chove
Lá por dentro de suas telhas,

Senil e cava soneira,
Laranja sem nenhum gomo.

Lobo e morte   Como se a morte fêmea:
De volume sem contorno,

Não visse o íntimo lobo
Que a devorasse no lombo,

Enquanto também devora
Do animal o terso ventre.

Morte ignora sua semente
E a semente ignora a morte,

Sucedências   Mas o tronco não ignora,
Nem sua casca penitente.

De a conhecer aprimora,
Cuida ao afiar sementes.

69.

E o que aterroriza é a morte
Ir sucedendo a si mesma,

E é outra morte no lote.
E bem outra mais atenta.

Sem supor onde se inventa,
Ou, para, cessando o impulso,

Mas, ao fitar-me, se ausenta,
Ou emudece o discurso.

E quanto mais se sucede,
Mais perde voracidade.

Ou a morte se terceiriza,
Ou se aperfeiçoa no auge.

Ou derruba o grande e é rima
Irem no ralo os amigos.

Ainda não há vacina
Contra a morte. Nem estribo.

E se os velhos são punidos
Na inércia, em pressa, os moços.

O gênio cria inimigos
E a correnteza, destroços.

A morte não ouve os mortos.
É muitas no seu sônico

Focinho. Ou qual aranha
Fia entre arcanos e corpos.

Humano,
civilização

"E eu, rio, inda que afônico,
Deseducado de lama,

"Não deixei de ser humano.
E quanto o humano chama!

"Mas a lama é como pedra,
Surda, surda e que não fala.

"E se assemelha à muralha.
Digerindo quando quebra.

"Não se educa mortalha,
Nem dinamite em pavio.

"Ao se entravar no ardil,
Cria tramas de engolir.

Contágio

"E o apodrecer do lodo,
Dinheiro e cofre atingiu.

"Se é democrático o roubo,
O que me fica de rio?

"Ou ser honesto é monstruoso,
Ou ser correto, estio?

"Como avultam tantos rombos,
Deixando estéril cantil?

"Sou o País, que lesado,
Já sucumbiu no País.

"Lâmina dos anistiados
E de leniência civil.

"Lâmina posta com cabo
E agudeza no fio.

"Tendo barro no recado.
Até o til, o funil.

"Até não ter mais nem cabo,
Só o punhal no vazio.

"Punhal que vai enfiado.
Punhal todo, até o fim".

Que mais clamaria o rio?
Por privação, desânimo?

Ou escutar na vacância
O sabiá que, cantando,

Nos desatrela a infância?
Não. Que a infância perdeu

Voz. Quando se evadiu em nós.
Ou não perde nunca. Somos

Dela imigrantes ao déu.
De infância nos voltarão

Os dias sob o chapéu
Desta saudade, porão.

Qual a civilização
Entre os que esmagam e o que

Em ti, rio, é esmagado?
Não há ossos na razão.

Entre consciência e letargo.
Por que buscar espessura

Entre quem gera tortura,
Ou é, como tu, junto ao charco?

Chão e mó

O rio foi igual ao chão
E a mó girando. E o barco:

Grito

Arcabuz com ouro alvo.
Moído, gritou em vão,

Mas é o grito da espécie,
O grito sem inscrição,

Sem fardamento no exército,
Roda do pampa ou sertão.

Grito que não arrefece,
Grito que nenhum varão

Logra conter e apodrece,
Grito de dor na explosão.

Vivo

Mas o que é vivo tampouco
Nutre-se em sangue que verte,

Sangue que não se distingue,
De uma só cor, mesmo morto.

Negro, branco, porque vivo,
Une a todos sob um corpo.

Desforço. E o que mastigo
Na morte lhe dá sentido.

E o que mastiga no vivo
Ainda é muito mais vivo.

E o que se afigura curto
É de mais comprido sopro.

O vivo quer o mais vivo
E mais defunto, o morto.

Se na criança avança
Com velho no menino,

Rio, carrego este moinho,
Sem pás, sem Quixote ou Sancho.

E na centelha me amanso.
Com campanário, os sinos,

No voo dos passarinhos,
Ou nos atalhos do verso.

Metros de lama,
espectro

"Não há noção do universo:
Rio, eu urino lama.

"Metros de lama, espectro,
Até bagaço de chama.

"Por que de exceder-me, assomo?"
Sonoro o perfil de lama,

Aristocrata mordomo
De severíssimas câmaras.

Mas tem ideário a lama,
Calvo ou gelatinoso.

Com rapidez raciocina.
Ou veloz engole ainda.

Ou talvez esta tardeza
Seja tão mãe de si mesma.

Ou a lama então se extrema
Em ser dócil, complacente.

Ou por não ter descendente,
Reproduzindo sem sexo,

Ou demonstre ser parente.
Nem isso. Que é apenas ventre.

E o que gera o barro? Barro.
Brasil de um rio ao reboque

Da política da morte.
Ou a política sem povo.

Penas de barro, as do corvo.
Tendo o seu bote de cobra.

Retém veneno no covo
E como polvo sufoca.

Que faço sem dor? Reparo
Vindo vespas numa teia.

Brasil de rio ao reboque:
Magro e finado entre velas.

É claro este povo, trote
De manhãs que o céu concebe.

Com pendão solto na morte,
Que Brasil que a morte serve?

Não me apego   Este apego ao desespero:
Não o quero. Fiquem nele.

O que tenho é verdadeiro.
Mesmo que a dor me desterre.

Sei o que pode o homem,
Sei o que pode o barro,

Que devagar o solve.
E sei o que jugo coze.

Mas industrioso é o faro
Que o empobrecer descose.

E a palavra nos contempla,
Mesmo fora ou dentro d'água.

É a palavra que nos salva,
A palavra da palavra.

Espírito Santo,
Estado

Ó terra que me acolheu,
Terra do espírito e pranto.

Terra que porta aos ombros
Este amor de puro canto.

Tal se do arco-íris véu
Fosse o gibão levando.

Como há remorso na lei,
Graça é existir amando.

E não te poupou, repito,
A lama, sórdido manto,

Mas ao oceano violou.
E não poupará aos vivos.

Muito menos aos mortos,
Que, sob a tumba, cativos,

Postulam, almos, submissos,
Por não terem na palavra

O arrendamento dos símbolos,
Mas o barro é que os provoca.

Sob a aquiescência da toca,
Que a todos cerca de vincos.

"E a mim, rio, afrontado,
Como sem mar restar,

"Se ele me ajunta quando
Se alastra, se estou chegando

"E alenta no desaguar.
Duro, duro é ver o mar

"Transatlântico de água,
E lama: todo vazado.

"Em si mesmo se engolfar.
Ou sem gemer, sob o céu,

"Qual se o ferisse um arpéu.
Largo monte devastado".

Reação

Mas vi o oceano reagir,
Como se vulcão irado,

Que ao sentir-se devorado,
Tudo engolisse a rugir.

Cuspindo barro a soldo,
Ou sem vintém, mas de tanto

Bramir: não se sabe quanto
De lodo saiu do fogo.

Rio e mar

Tua água conhece o mar.
Rio, o mar te conhece.

Se a estrofe de sal o aquece,
É na rocha que ele cai.

O que o mar guarda de rio
É de ter água-furtada

Na ordem da escuridão,
Longe, longe de ciladas.

O que o rio guarda de mar
É acolhida na chegada,

Antes de o tempo fincar
Joelhos, trincada barba.

Mas rio, mar, como os átomos
E o sistema dos planetas,

Se compõem no sol, os cactos
Em ermos e astros nas cestas.

Terra do
Espírito Santo

Ó terra que me acolheu,
Terra de espírito e pranto,

Como é solteira a lei,
Quanto se casa o canto.

80.

Terra, se o mundo te chama,
Quem sabe o peso do mundo?

O que o teu clarão derrama,
Noutro lado é mais agudo.

Mariana,
Minas

Ó Mariana, Mariana,
Quantos fios possui a História?

Que profundeza te banha?
Onde Alphonsus? Onde Ismália?

Onde as casas de tua glória?
A lama subiu nas calhas.

E os gerânios, quem te escora?
Onde o dilúvio sem arca,

E espesso barro, a memória?
Quando o Ararat do vento

Num penedo nos atava.
Ó Mariana, o que cala

No terror, de horda em horda?
A lama subindo as calhas.

Se a morte nos põe sua corda,
Tiradentes quem escuta?

"Eu sou rio que não tem gleba,
Com horto sobre a garupa.

"Morte, morte que nos leva
Por esta morta República.

Costura da
mortalha

"Que cada vez mais afunda".
Ó quem tece tal costura

De mortalha assim tão curta,
Mortalha que não se esgota,

Ou mortalha sem o forro.
Esta mortalha de culpas?

É o que carregas, morte,
Com a avidez da indústria.

Contudo, não há dedal
Nessa astúcia da costura,

Tal se pusesse cristal
No fio da tesoura escura.

E ela corta sem ritual,
Corta, raspando a pintura,

Corta virtuosa, fatal.
Corta quanto mais depura.

Moeda

Tesoura ambígua a moeda.
Não tem dó, pesares dá.

Também mata, renega
Com coisas de preamar.

E, pior, quando enferruja:
Tem ácido na cabeça

E na coroa. Coruja
Que se aloja: negra flecha.

O que mais a enferruja
É ter a vazante nela.

Ou, em popa subir, maruja,
Sem se dar conta das velas.

Erudição

Mas a erudição é pá.
Cava, cava: se preserva.

E o que a moeda não enxerga:
Que é fria, severa, má.

E, na costura, há cautela
Deste agulhar em corola.

Mesmo ao velar da mortalha,
Caminha a agulha sem sola.

Caminha, mesmo em delírio,
Ou em oposição que assola.

Vai pela linha, ou círio,
Que em cio da agonia é gola.

Vai junto ao pano da fala,
Vai tão célere na senda,

Que de entrar na mortalha,
Entra as entranhas de seda.

Sem merenda
e algibeira

Rio, sem recreio, merenda,
Sem vigia de algibeira,

Maior é morte na feira,
Do que na avenida ou venda.

O que na linha se emenda,
É a fortuna do logro.

A mortalha é perfeita
Até se por dentro a dobro.

Exposta língua
e almação

Morres, rio, de equilíbrio,
Morres de exposta língua.

Fora da boca tíbia,
Fora, fora da vida.

Não há qualquer refúgio.
E de almar decido.

Inda que desfie o fuso
Junto ao tear, rio, segues.

Não sei se ao paraíso,
Sei que em jardim de nada.

O que me cirze, sorve.
O que desarma, alarma.

E é rio sem nenhum vau,
Que ninguém cruza a nado.

Com esqueleto magro,
Barro descalço a pé.

E não basta nadar,
Há que conter o nível

Por ser carnal, visível,
Ou jamais se afundar

No pouco das raízes.
E sem alva nos vê,

E no fêmur espreita
O que foi da maré.

Nascença

Ou veio de nascença.
Veio de se acabar.

O exíguo desaperta.
O muito se lavra de ar.

Rio usado, em desuso
Tal se fosse molusco

Entre vergas e vínculos,
Morres de estar contigo.

Ou estar neste intervalo
De tão tinhoso versículo.

Cabendo onde não cabes,
Embaixo, quando por cima.

Sem gatilho

Ó cega indústria da sina,
Dura indústria do gemido,

Que ambição dominas,
Que foragidos sentidos?

Matas rio sem gatilho,
Matas como se um tiro.

De pontaria no dique,
Ou facada sobre a testa.

Matas rio como se visses
Clareira de alma na fresta.

Matas o que te sustenta,
Matas o que te enriquece.

Matas o que na brecha
Adormeceu de beleza.

Ou matas toda a beleza,
Mas semelhante ao que rói

Entre dentes a cereja.
Com desdém de uma gorjeta.

O mal não, não é secreto,
Inda que por dentro esteja.

Opera com certo método,
Ou prevenido recurso.

Indústria de tumba e musgo,
Ou motor de heras ávidas,

Com inscrições e defuntos,
Ou tempos corvos, intrusos:

Sendo tudo como draga
Pondo ferro e lodo em água.

Não há lugar para nada.
Nem menos ao som humano.

E arrastas o desastre,
Como o desastre te arrasta.

E onde estronda e o ferro bate
Não, não há lugar a nada.

Mapa

Ao rio irmão não se mata,
Não se mata um rio irmão,

É mais que matar um cão,
Matar a manhã na mata.

É humano, o rio, não se mata.
Sangue o colete, gravata.

O rifle, balas cordatas.
É um erro: rio não se mata.

Templo

Nem termina, sendo o rio
Deslimitado no cinto.

São só grisalhas paredes.
Não para os que as julgam gratas.

Nem as águas são aradas
Nos exauridos redutos.

88.

Inda que com varizes,
Se nele estiver erguido

De eternidades o pulso,
Templo fixa matrizes.

Tal se falasse
um morto

E disse o rio baixando,
Numeroso, o declive:

"Pode faltar amor,
Mas sem luz não se vive!"

E nada nada, quando
O ar era rarefeito

E a luz se fora voando
Com as aves, o pensamento.

Diante
do Sena

Rio, diante do Sena,
Que tratamento na paga?

A ti, quem afaga mata.
E ao Sena acentuada glória.

Não tens guerras napoleônicas,
Tuas guerras são represas

Com fortunas, avarezas,
Ou negligências crônicas.

89.

O Sena com suas pontes
E tu com tuas fazendas.

Na morte, não há História.
E de esquecer, que se lembra.

Arcaica água do Sena
E a tua tão moça e morta,

Como mendiga na cena,
Com caridade exposta.

Quando é guerreiro o Sena
Em seu dálman de medalhas,

Tu, doce rio de avenas,
Com moeda de mortalha,

Porque te comeram tudo,
Até o que não se acaba.

Roubaram e o roubo é mudo,
Saquearam a tua casa.

Roubaram sem nenhum juízo,
Roubaram tua mocidade,

Mesmo a velhice roubaram,
Ou tua possível vaidade,

Mas o Sena foi poupado,
Como um carvalho de horas.

E, tu, rio, que monumento
Para tudo o que deploras?

Ou tens vigor na fraqueza
E algo em ti, tal rebento

De alguma lágrima aflora,
E pode mudar-te: um viço.

Talvez a tua certeza
De não morrer totalmente.

Ou saber que vinga o vento,
Mesmo ao mergulhar no abismo.

Conheço

Vento, vento, vento, vento,
Eu não conheço os homens

Como te conheço. Quanto
Neles devotei apreço.

Ou tive em perfídias vezo,
Traído, não pelo canto,

Nem por ti de amor, ó vento,
Por te conhecer tanto.

Círculo,
Rio Doce

Vento! Retorna ao círculo
O rio, com matéria viva.

Como se morto fingisse,
Ou morto, já morto e justo.

Morto, ou pairava, ou em sulco
De amanheceres se alava,

Com asas longas, aflantes,
E a queda num só instante.

Um rebentar no levante.
O ribombar. E foi presa:

Sem defesa

Varado, sem ter defesa.
Sem ter mais quem o levante.

Em labareda

Tombou numa labareda
De outra e outra e despeja

Fumos, trovões de seda,
E o raio bateu-lhe a fronte.

Bateu-lhe a nuca e suspenso,
Foi caindo de si mesmo,

Perdiz atingida, cervo,
Animal ferido a esmo.

E o verbo só é perfeito,
Se a lucidez o concebe.

É ele que ao verso serve,
Quando amor não tem declínio.

Se ao capuz do verso tiro,
O céu vê no desapego.

Sem capuz rimas desfiro,
E, coberto, ao verso vejo.

Mas aos versos não respiro:
Quando no vagar me expiram.

E, ao desertarem os mitos,
Morro de livro vivo.

Epitáfio
E sobre o tal epitáfio
Do poeta o rio consagra:

Nada dizendo. Na água
Tudo falou. Nem a mágoa.

Vindo: saiu. Tal se o rio
Na água. Ou a rosa que brota

Sobre o vítreo esquife. Cada
Verso na luz se esgota,

Mas o poeta não repousa,
Ali não repousará nunca.

Versos, sílabas, rosas
Continuarão brotando.

Ninguém o convenceu
De estar ali. Ou hiberne

Talvez à outra estação,
Ou pele. Sem epitáfio.

Catalogar

E como se cataloga
Um poeta se não servem

Nem catálogos, nem notas,
Ao pé da febre ou da neve?

Não se cataloga alma,
Nem muito menos a névoa.

Nem se demove cometas
Na agulha branca da treva.

E a nenhum verso se aborda
Sem compreender sua fímbria.

Quando a palavra da boca
Amor transporta na língua.

Porta e risco

Rio, não sento na tua porta.
Nem a Sócrates convoco.

Nem sou cocheiro que toco
Os cavalos sem resposta.

Nem os versos são aposta
Para catar o equilíbrio.

Tua morte é a minha. Ativo
Na arca os seres em volta.

Ativo símbolos, rotas.
E, País, pelo trinco

Da fechadura eu possa
Ver o risco das gaivotas.

E riscarei no caderno
Da avançada meninice.

Mesmo que seja o acervo
De entardecer que fugisse.

Formigas

As formigas do rio:
As mesmas do país.

Corroem como de ratos
Tomassem o cariz.

No formigueiro barro,
Entre passos rocios,

Por não valer dêsvio
Junto ao furtivo estuário.

Possuem iguais camadas
De fluidez no esquema.

Formigas bem armadas,
Com inserção interna

Em sua tropa de choque
E alas mais funéreas.

Umas roem as ideias
E outras são do celeiro.

Algumas vão no erário,
Ou gostam do petróleo.

São tintas de um tinteiro
Voraz, totalitário.

De hierarquia flutuante,
Viés autoritário.

Virtuosas militantes
No formigueiro barro.

Há formigas de elite,
Formigas operárias.

Com as de ferrão em riste,
E as que fuçam as áreas

Recessas, prisioneiras
Do seu legislativo

De larvas, uterino.
Jugo não tem fronteira.

Mais o de tais formigas,
Que atraem das cascas, orlas,

Ou de amoreiras, folhas.
Entre favor ou intrigas.

Formigas democráticas?
Ou formigas de um grupo

Sedento na República:
E sussurram: "Usurpo

"O que restou sem uso.
Usurpo as coisas túmidas,

"Ou as que são reumáticas,
Ou desúteis, sem rubrica.

"Ou, pertencendo a todos,
Mais suculentas e úmidas".

E vejo quanto engordam,
Ou são formigas públicas,

Mas trabalham na massa,
Tal se nunca existisse.

É sem coerência a máscara
E cúpido o alambique.

Obstinadas saúvas,
Inominadas formigas.

Ou são de espécie humana,
Ou de espécie inimiga.

Ou, nem isso, fantasmas
De palacianas siglas.

Grotescas, infelizes,
Que país lhes resiste?

Não volta atrás   Não restará impune
O que depurar o lume

Da palavra e o segurar.
Rebentará de costume.

E a luz sabe o que faz.
Não restará impune

Da morte com seu pardal:
Se voar, não volta atrás.

E se acaso for almeiro,
Só de alma voará.

Mais valera

Como perdoar as horas,
Ou perdoar os anos,

Se o que nos rói, humanos,
Na razão não consola?

Mais valera. Pelo sangue
Flores medram da cartola

Da morte veloz e langue,
E que a luz furiosa corra.

Nem restará de exame
O tempo que se deleita:

Em punir não tem vexame.
Pune, pune sem receita.

Séculos

São de arredores os séculos,
Depois voltam para o centro.

Encordoados na morte,
Dela têm gestos secos.

E talvez inerte preito,
Os séculos vão pelos ecos,

Ou se emboscam no rochedo,
Atrás de si mesmos, cegos.

Empréstimo   E beberei a bondade,
Ou a bondade beberá

No quintal da mira, córrego,
Se, em gatilho, a vida vai.

Quando a justiça não age,
Morte só empresta onde cai.

E o que se evita, se aceita
De tanto espreitar na moita.

Justiça não se apascenta,
Mas necessita de escolta.

E a vida quem a empresta?
Apenas na vida volta.

Intelecto   Não é do amor o intelecto.
No conceito firma o prego.

Firma do abismo o teixo,
E firma o verso no verso.

Cãibras

O espírito é estrangeiro,
E jamais se repete.

Como a matéria veio:
Para si mesma tece.

Não há cãibra no espírito.
Cãibra é não ter viveiro

De tempo adormecido.
Não por frações, inteiro.

Alma nua

Mas santidade é ter alma
Esvaziada e tão nua,

Que, ausente de fartura,
É, em Deus, fartura inteira.

É mel sem ter doçura,
Ou favo sem colmeia.

Se êxtase, é fundura,
Ou fogo sem matéria.

E o que nos refrigera
A alma, rio no homem,

Se o ardor da primavera
De Deus é apenas fome?

Reino

Quem ama o barro é do barro.
Quem ama a infância é da infância.

O reino do céu é claro:
De amor, nada tem distância.

Mesmo aquilo que é barro,
Se está na luz, se desmancha.

O que é da luz é orvalho
E amor desce pelas plantas.

Testamento

Mas quem ao sofrer suplanta,
Tem testamento na erva,

Ou testamento nas pedras
Com seu perpétuo arquivo,

E o que dura está na pedra,
Ou se reitera de tanto

Não repetir-se. Celebra
No relevo o próprio espanto.

Movediço poder

O poder é movediço.
Movediça, a complacência,

E envelhece a consciência
Bem antes do que os sapatos.

Mas não envelhece o barro,
Nem seu ritmo indigesto.

E a noite sobre o cavalo,
Ébria, transpõe o deserto.

Depois a noite, cavalo
Para na porta do rio.

E o que escrevo na luz
Vai, sem rédea, montá-lo.

Civilizando
a infância

Buscaram civilizar-me,
Mas não quis. Civilizei-me

Polindo minha constância,
Rio, para achar-te na infância,

E, a ser tão civilizado,
Prefiro, às vezes, ser bárbaro

Neste riscar de bordado.
E de alma é o que resguardo,

Mas alma é estar ao teu lado,
Pátria. Amor é fidalgo.

Pátria contra
a esperança

E vi, de igual usança,
Entre ser alma e infância,

Como entre rio e país.
Inda que contra a esperança.

Ou, em verso separado,
Já existe no que crê.

E o que se sonha existe,
Mesmo sem pôr os pés.

Civilizei-me ao revés,
Pois amor jamais desiste.

Rações
de barro

E o barro come ministros,
Delegados, bispos, fardas.

Alguns oficiais de esquadra.
Come réus e come juízes.

Ou se julgam a si mesmos
No apodrecer da vertigem.

Comem mordazes a esses,
Enxertados no interesse.

Entre processos, fuligens.
O barro come os exílios,

Palácios, crime, perjúrios,
E estas trancas do concílio.

Comem razões de equilíbrio,
Os presidentes de ofício,

Porque de comer o barro
Há comissão, sodalício.

Fome
e pedra

A fome não se distingue
Entre o que tem pão e come

E o que não tem e cinge
A pedra dentro da fome.

A pedra da pedra dentro
Da fome de tanta fome.

O sol de fora é de dentro.
Que homens no rio reparo?

E um colibri bicou a fome,
Mas a fome se encolheu

De orgulho, porque o céu
Do passarinho não come.

Omissão

Barro barro barro barro,
Por que os seres são omissos

Diante deste intervalo
De ódio, fúria, ruído?

Ou é de calar, submisso,
Ou gritar de beco em beco,

Até não haver mais siso,
Pelos séculos dos séculos.

Não se
alimenta

Quanto, rio, quiseste odiar
Ao ser também um país.

Não se alimenta a raiz
Com fruto que não brotar.

O ódio só terá fim,
Se em amor desembocar,

Mas tanto quiseste amar,
Quanto me acerco de mim.

Túnica
e vendas

Era tão rica a República.
Agora vendeu sua túnica.

E até vende a marmita
Na econômica montagem

Talvez venda sua aragem,
Ou junto, então, venda os montes,

Estradas e aeroportos
E, aos poucos, até paisagem.

Só suas urnas não vende,
Cintilantes, de aparência.

Por carecer de certeza,
País algum as deseja,

Ou talvez em hasta pública
Venda brisas e jazidas,

Como as terras de Pasárgada.
Que a tudo vende a República.

Ou talvez e mesmo a lua
Seja colocada à venda,

Quando for menos lúbrica
E toda no céu se estenda,

Porque a cobrir a dívida,
Mais dívida referenda,

Ou as lagoas sem renda,
Em boa venda, validas.

E por que não os museus?
Todos de coisa antiga.

Há que limpar os baús
Da monarquia e as presilhas

Do Estado, que, de direito,
Vende aos poucos a franquia

De efemérides e atas,
Ou ponha na conta o dia,

Ou cobre imposto de ar,
Não só de cheques, aparas,

Fadas e do cavar
Os pés quando a relva estala.

Ó lampejo da fartura,
Como suster a República,

Com verrugas e curvas,
Já tão gulosa e púnica?

Ditoso será se porem
Em exibição políticos

Ferozes: leopardos, tigres,
Presos nas jaulas do circo.

Mas a morte se repete
Mais mineral e com dísticos,

108.

Como a República vende
Até a lona do circo.

Não sei se a varejo, ou pejo,
Vende, de petróleo, poços,

Junto à propina, de esgoto,
Ou o eclodir do sol vende.

E é pouco, suntuosa tende
A negociar o sepulcro,

E o caixão, ou sem alarde,
O seu atordoado vulto.

E, rio, se não foras morto,
Ou quase, te exportaria

Como seu casto produto.
Ou venderia os tão doutos

Cérebros da ciência e arte,
Ou o gênio sem descendente,

Pois, se o tem, vai junto o filho,
Ou alma, se não a prende,

E o que a República vende,
Com tal sofreguidão, que a órbita,

Não é mais de roupas, sogas.
É da natureza tóda.

E mais: sua fúnebre urna,
Urna prenhe de serpentes.

Urna de corpo e voragem,
Onde a si mesma vende.

Do contável É urna, às vezes, o sono,
Tamarindo sem renovo.

E o voto, rosto do povo,
A prumo, de água em água.

Voto a voto, como asa
De pintassilgo, a palavra.

Se a luz anda a pé no monte,
Descalça à palavra mostro.

Com voto fiel nas abas
Do coração sem rebordo.

Barro, barro, barro, mosto,
Como escolher nos destroços?

Máquina Ou máquina, máquina, trovas
E um dia votas por nós.

Ou talvez desandem nós
Pela costura e as dobras.

Reaprendes matemática
Ao frequentar a escola:

Que os números não têm mola.
Não coincidem os de dentro

Com os de fora. Sem casa.
E as cinzas velam nas brasas.

Barro, barro, barro, mosto,
Como votar nos destroços?

E o que não ganhou com povo,
Não governa, é governado.

E vai transportando um morto,
Que não será sepultado.

Desigualdade   Nem nas urnas: céu furado
Em zinco do firmamento,

Mas o que carrega a morte
É urna com morto dentro.

E noutra, em que não acabo,
Encontra infâncias no vento.

111.

O que sobra é de quem sonha,
E o que não sobra, explode,

Ou tenaz desigualdade
Continuará com sua tarja.

Os ricos e sua represa,
Os demais postos na água.

O que à bandeira despreza
E o que padece e nem há de

Alevantar a cabeça.
Só cessa a desigualdade

Na morte que a todos ceifa,
Ou pelas classes da morte,

Que à terra nenhuma importe,
Inda que em larga colheita.

O seu talvegue no estoque
De lã que a fundura carda,

Que, de morrer, tanta é a água,
Que descendo, plena sobe.

Ou de subir, rejeita
O debater das artérias,

Que à diferença sustenta:
Alguns tudo, outros, neutra

Vegetação que despenca.
E geme a desigualdade.

Ou é dor que não se solda
Na coragem, chão, viseira,

Ou sujeição, ou coleira:
Animal de quem se rouba.

Diferenças
humanas

Que diferença demarca
Quem vai sob ou sobre a água?

Uns mais depressa embarcam,
Outros duram junto à tábua.

E os que, de nadar embaixo,
Singram sáfaras correntes.

E o que a morte não entende
É como atrasam o salto.

Nem quanto são diligentes
De sobreviver na fome,

Ou de fome então suportam
Mais que suporta o homem.

Morrer de ir ou chegada
Na errança não paga frete.

O que se paga na frente,
Atrás é de mesma taxa.

Mas quanto é onipotente
O que tem poder e esmaga,

De pagar tanto não sente
O que outro nada paga.

Ó que diferença a raça,
A estirpe, a nobre casa,

E outro de casa alguma,
Casa sem calibre, pluma.

A diferença é de gozo,
Ou de celeste bruma?

A diferença apenas
É ter ou não ter, em suma.

Por mais que a soberba ou a turva
Impunidade se acoite,

No verso se há coisa pura
É de não conter a morte,

Porque o rio vindo da morte,
Mais morte tem na saliva,

Porém, o impulso que o move
De amor é o que vem da vida.

E os bens de pia ou de porte
Desaparecem no monte

De herança, ou se dividem,
E nada fica na morte.

Doença

Se há tão grande tença
Entre raças, o invólucro

É semelhante à doença
De existir no desamparo,

Ou como as coisas separam
E, adiante, encontram pássaros,

Ou voltam, ou se enlaçam
Em desespero, ou escárnio.

Na memória, não há raça,
Pois a matéria embala

Outra matéria plácida,
De balbuciante cala,

E a burguesa modéstia,
A falência do rio.

E este país em réstias:
Pavor, pavor no redil,

Mas que inteligência prova
Tamanha ambição civil?

A espada que ao sonho corta?
O que sepulta o Brasil?

Impune

Não restará impune
Quem com a morte se aliar.

Que o tempo ficou implume,
E o sol escapou do mar.

Não restará impune
O que com morte aportar.

Não restará impune
A morte que estava lá.

Ir contra

E o rio de lama se cobre,
Desde a cintura ao pescoço.

Sem estância no remorso,
Por ter-lhe suprido a infância,

Que a pedra não se atreve,
Sem pôr no barro a cara.

A pedra que amarra o homem
É a mesma que ao rio amarra,

Mas teima. Resvala, para,
Ou pedra, pedal dispara.

E, se tombou, foi no estado
De ir-se finando, árvore

De rio, árvore de ledas
Borboletas. E este fardo.

Tombou dentro: a labareda.
Árdega chama em descuido,

Pérola sob a vereda.
O dia inteiro num búzio.

E morreu, como se um justo,
Santo debaixo da cripta,

O rosto pela finita
Noite da aurora em curso,

A luz
o liberta

Mas é pela luz expulso.
Sai da morte para fora,

Tal, se da boca da aurora,
Brotasse limpo, sem musgo,

Pois pode ferir a morte,
Mas, aos poucos, perder uso,

Ou pode ter seiva e os cortes
No silêncio cicatrizam.

Ditongos
de barro

E os insetos, formigas
Alfabetam o barro,

Penetram nele, sílabas
Dentro da espessa frase.

Palavra amedronta o barro,
E com sua luz o castiga.

Todo ele murcha no galho,
E moroso se desfibra,

E os ditongos de barro
Em barro se desativam.

Entre vogais e crases,
O nada em nada timbra,

E o barro solta o rio,
Solta o país e solta

O mal preso à raiz.
E a luz para a luz volta.

Desocupação

Vida, era vida escondida
Dentro da morte, na frincha

De alguma rocha fendida.
O que separa nos liga.

Desocupou-se a morte,
E foi tão desocupada,

Que ela era um caramujo
E o rio, aurora na carga.

Ressurgir

Sim, com a aurora ressurge
E sobre cinzas e pólens,

Que o tempo no tempo urde,
Vai: outro rio, de águas jovens.

De outra epiderme sem pedra
Com investir que renova,

Deixando o lodo na cova,
Livre, se a morte não veda.

E a morte não veda nada,
Se na vida for achada.

Rio-Brasil: a madrugada
Põe amêndoas em suas abas.

Põe, no país, a nascente,
E se confundem, se o toca.

Veste-o claridade afoita.
E Deus, só Deus os entende.

E, unidos, vão adiante:
Gaivota, o horizonte.

Se o nome regressa à fonte,
A seta regressa ao arco.

Sua medida navega
Por se tornar sem medida.

O que é de amor nunca falta.
O que é da vida não cede.

Ninguém, de ressurgir, morre,
Ou não torna por vontade,

Ainda que não se acabe
A morte. Durar explode

Em mais durar. E, se é forte
Tal distração de viver,

Não há subúrbios na morte
Passíveis de nos conter.

Amigos
e sombras

Amigos sombras sombras
Sombras. O que é contigo?

O que não se soma, ou enturma,
Mais se reduz na penumbra.

E os de mão única, amigos,
Sombras de arca e ossos.

Como colher dos mortos
Qualquer ameno contato?

Existir é ser tão grato,
Que sombras sombras são sombras.

E este perfil arrasado,
Que não guarda nenhum laço.

Porque sombras não encolhem,
E muito menos os traços.

Coração
aos pássaros

Não dou coração aos pássaros,
E, se tem cadência o amor,

Não é a que faz o monge
Sob o casulo e hábitos.

É a que farfalha, plange,
E, dentro do fruto, é flor.

Não dou coração aos pássaros.
Amor precisa estrutura,

Não de constelados lábaros,
Carece de mais altura.

Se, de amor, me nutro, rio,
Eu cuido de amor que serve,

E tolera e se há neve,
Amor não morre de frio.

Como dizer

Azul, azul o dia, azuis
No pé da chuva, ameixas,

E a fértil inocência.
Amor, como dizer

Que é tordo e azul o sol,
Se nós estamos juntos?

Não há nuvens, nem números.
E o que faz esquecer?

Azul esta bondade,
Azul o monte a arder,

Ou germinal deter
No transe a eternidade.

Até no branco

A brancura há de ser erma,
Mas a neve não tem chama.

Até no branco amor queima,
E, no fogo, toma alma.

Que aventura se espalma,
Se, em cada gota, a luz teima.

Até no branco amor queima.
E, mais do que fogo, é alma.

Palavra

O que se escreve na água,
Pode fixar-se? Se, em sangue,

A palavra vibra. E é como
Nejar, escrevo este espaço,

E se consigna. Amor, amor
Nenhum verso viceja,

Ignorando a fortaleza
De buscar e estar contigo,

Ó palavra. Tão incorpórea
Matéria, de alma plena!

E nada suponho, salvo
Existir e que Deus queira,

Que amor seja tão forte
E alto e pungente, quanto

Salmo
Fulgure e nunca pereça.
Não vaguei em terra estranha,

Nem o canto no salgueiro
Penduro. Quanto se ganha

De ultrapassar, ir além,
Pois a última palavra

É amor que semente tem.
A palavra não se acaba.

Nem de infância faz refém.
Não sei se nasci em Sião.

E mais: Sião me nasceu.
E se estou como quem sonha,

Inscrição
Cheguei a Jerusalém.
Nada, nada se vinga.

Tudo cumpre sua data.
Tudo se perde ou se acha

Nesta fundura que a escrita
Toma perpétua tenência.

Tudo é inscrição, ou, então, passa.
O que em mármore é carpido

De feitos e amores vige.
Com vaso de letras, signos,

Tem de pedra friso e vínculo.
O que se esculpe é que fica.

De Cantares   As muitas águas não podem
Apagar o amor, as muitas

Águas, as águas não podem.
O amor não se dispersa.

O amor, não, mas quem pode
Solvê-lo, nem as águas,

Nem o degredo, amor, não,
As águas puxam, levam

Amor e nada apaga,
Nada consegue o fogo, a água.

Amor transcende tempo,
Tempestade. É tudo amor.

125.

Eterno

Dentro da espiga seca,
Vem uma espiga farta.

Dentro de estrela negra,
Nasce a estrela mais alta.

E, o rio, um potro que salta
Mais veloz e que consegue

Ser no leito de onde se ergue,
Eterno. Que amor se aplaca?

Debaixo da paz, a fala.
Debaixo da água, a alma.

Debaixo da alma, a força
De não haver mais palavra.

E ninguém sabe o que rege
Em campos de sol a prata,

Pelas montanhas e sebes,
Agora ninguém o mata.

É porque
te mataram

Não, rio, porque te mataram
É que continuas morto?

Não é porque te mataram,
Que te matarão de novo.

126.

Não é porque já mataram
Os desejos de teu povo,

Ou muitos deles secaram,
Que te matarão de novo?

Mas é porque te mataram,
Que persistes, subterrâneo,

Persistes, não triunfaram.
A morte é apenas ramo

De frondosa potestade.
Pode matar suas folhas,

Ou matar a castidade
Da chama e suas chicórias,

Mas a parte que lhe foge
É a que resiste viva,

A parte que se demora
Por ser povo em cada fibra.

Sim, porque te mataram,
Que estás coeso, soberano.

A morte, que sabe tudo,
Não sabe nada do humano.

O que reténs não te mata,
Que é o espírito, este sopro.

Não é porque te mataram
Que te matarão de novo.

Liberdade

Nem te matam, liberdade.
Quem te poderá achar,

Se, em trabalho: eternidade,
Se na querência do ar.

Entre os que te alçam, altiva,
Ou os que te buscam calar?

E um homem só te habita,
Se o povo nele habitar.

E mais do que um rio, deslizas,
Sem margens — que fogo te arde! —

Ou como um rio sem divisas,
Caminhas pelas idades.

De teu nome me recordo
Por estar tanto ao teu lado,

Que nem sei quando me acordo.
Quem te impede de ir mais alto?

Amor que conta não pede.
Que tua alma, liberdade

Perene não pesa nada
E nem no combate cede.

Que monumento te marca,
Liberdade, nem o bronze

Das vitórias, nem o monte
Das batalhas, quem te grava?

Alma de amor é de água:
Alma, fundo da palavra.

Porque a palavra guarda
O que o silêncio não.

O que é de tempo se fixa.
Paciente na superfície,

E com solidão no cume.
O vento não tem velhice,

E nem do espírito o nume.
Palavra sobre palavra,

E, se o mundo é excessivo,
Que pode o mundo contigo?

E, se possuis compromisso,
Liberdade, que é dos sonhos,

Que é dos estranhos avisos,
Ou dos atritos medonhos?

Onde glórias viram cinzas
E é precipício a memória,

Liberdade, convalidas,
Sob a laje, a voz que chora.

Liberdade, liberdade,
É o amor que te equilibra.

Sem vassalos: tua herdade.
Vida maior do que a vida.

ESTE POEMA TRATA DO RIO DOCE, após o rompimento da Barragem de Mariana, Minas Gerais, com dano ecológico sem medida, engolindo na lama os distritos de Bento Rodrigues e Paracatu de Baixo. Dezessete corpos foram encontrados e alguns ainda estão desaparecidos. O ecossistema aquático de vários rios foi afetado, como o Gualaxo e do Carmo, que deságuam no Rio Doce. Mais ainda o que banha Colatina, no Espírito Santo, com 853 quilômetros de argila até o mar capixaba, conduzindo, na sua leva, 12 quilômetros de rejeitos minerais, com a degradação e morte dos animais e dos peixes. Biólogos preveem efeitos maléficos aos recifes de corais de Abrolhos e a preciosas espécies marinhas. A destruição do Rio Doce trouxe graves prejuízos aos moradores das margens na sua água de beber. Mais ainda, para os pescadores que vivem de seu ofício, vendendo peixes e os que exploram o turismo. O poema vincula a dor do Rio Doce à do Brasil, como memorial coletivo de um tempo de barro, com absurda corrupção de políticos, empreiteiros e outros, todos afundados no lodo. A corrupção é contagiosa. E o povo sofrido e cordial. A República é contemplada, sua máquina, o imposto que se multiplica sem retorno, a justiça, depressão e a morte-personagem presente, constante, com temível perigo dos insetos, ou a pertinaz operação das formigas. Tudo pode ser mera coincidência, até deixar de ser pela imaginação. E insisto — o que a imaginação não vê os olhos não sentem. Tudo principia a existir ao ser designado. Mas a verdade do Rio Doce é tangível como uma pedra e nossa ferrenha imaginação. E o Brasil é mais do que inventamos. E se levantará do encolhimento e agonia, como o Rio Doce. A parte que falta compor, pertence ao leitor. Aqui, se há visão crítica, não é de partido, salvo o do rio, do Brasil e do humano. A poesia existe para suprir a realidade? A poesia existe, porque nos completa. E o que não busquei, mas me buscou, é o que nomino de "sobressimbolismo", que o crítico e filósofo do Modernismo, Euryalo Cannabrava, advertiu como nova técnica do ritmo, e o poeta Oscar Gama Filho caracterizou como perpétuo movimento de imagens que se encadeiam. Ou o que vai pousando no tom do poema. Com rédeas curtas, ou velozes e rigor sempre recomeçado. Mas o que pode dizer mais, que o próprio texto? Se "o ruído foge do ruído", o silêncio não foge de si mesmo e a sombra do poema é seu sentido. Optei também por uma forma pouco usual na literatura brasileira, a dos dísticos, seguindo a lição de Homero. Porque, em dísticos, são alguns monumentos de pedra e bronze dos antigos e criei este monumento na palavra para um Rio, O Doce. Observando, com Hegel, que a poesia épica é a dos monumentos. E, como refiro: "O que em mármore é carpido/ De feitos e amores, vige./ Com vaso de letras, signos,/ Tem de pedra friso e vínculo/ O que se esculpe, é que fica". Este texto é diálogo do poeta com o Rio Doce, que toma voz. E o compadrio com rios vizinhos. Ou seu nobre irmão, o Capibaribe, do Recife, de João Cabral, com o São Francisco, de João Guimarães Rosa. Mais longe, no sul, o Guaíba, do pampa. E num relance, o Sena, como exemplo de um apreço que o Rio Doce não possui, A verdade não tem cor, tem água. Diz Francis Ponge, que "o homem é o futuro do homem". Creio que a palavra é o futuro da esperança. E registro. Foi escrito este poema em Vitória, na "Morada do Vento", de 4 a 10 de janeiro. E em Buenos Aires, de 11 a 21 do mesmo mês. Depois ainda em Vitória, viu-se revisto. E foi ampliado, polido em fevereiro, no apartamento da Rue Saint-Placide, Paris, sob frio inverno. Ano de 2016. E ainda no mesmo ano, na última semana de outubro em nova edição, revisei este texto, tornando-o abrangente Mais suprimindo, do que acrescentando. Com demão de realidade no "obstinado rigor".

O servo da Palavra,
Carlos Nejar.

Martírio do Museu Nacional

[fogo]

Tragédia anunciada.

Prólogo

Para haver incêndio,
basta a desordem,
ou falta de cautela.
Ou o barco sem a vela.

Basta que o fogo venha
devagar, anunciado.
Basta que a veia azul
se rompa no equilíbrio
e as verbas, as acerbas
verbas não cheguem.
Basta uma pequena chama,
como nuvem. E chove, queima.
Basta a ponta dos dedos.

E o que aprende a queimar,
ensina. Bastam fios
desafinados, sem andorinha
em cima. Basta a orfandade.
O exílio de cuidados, a renda
esburacada que não se fixa.
Basta a venda nos olhos
da república. E queima.

Não se elege o desastre,
que se mostra como os dentes
ou teclado do piano, à espera
das mãos. Basta o método ou razão
de abandonar. Ou por um til

remoto de imbecilidade, omissão,
desajuda. Basta um relâmpago
dentro de outro para o fogo
se entender. Ou até a escuridão
que arqueja, ardendo,
por debaixo de outra.
Basta nada,
absolutamente nada.
Ou só um risco na alma,
o fósforo. E explodir.

2.

As verbas

Sequiosas ou inveteradas,
na república, as verbas
comem as verbas
e são labaredas.

Queimamos
o Museu Nacional.
Não suportamos
fósseis de doze mil anos,
murais de Pompeia,
documento da Lei Áurea,
ou sarcófagos, meteoros,
plantas extintas,
a Enciclopédia Francesa,
a Bíblia de Mogúncia,
crônicas de Nuremberg,
peças greco-romanas

e etruscas de Teresa
Cristina de Bourbon,
um trono de rei africano,
pirogas indígenas,
ou ervas de milênios.

Carnívoro é o futuro.
Com o roer e o ruído
de ratos, traças.

Ou evitamos tantos
cientistas, botânicos,
que jamais descobriram
espécimes de folhas
e insetos na esperança.

Queimamos o Museu,
dormitório de fantasmas.
Queimamos, queimamos
a eternidade.

3.
O fogo viu

O fogo viu paredes
despencarem,
viu no temor
remendos
de gritos e rumores.

O fogo viu colunas
mutiladas, o ruir
martelado das vidraças
e a vidraça dos ossos
calcinados.

O fogo viu os abolidos
mortos e outros
crescendo
no equilíbrio
de tácitas escadas.

O fogo viu
tropeçarem
os cascos
da manhã
e o sol
desembocar
rente à fumaça
e touro, o coração,
gemer com as traças,
com as manadas
secretas de suas brasas.

O fogo viu subir
pelos degraus
a macilenta morte
e só ele que a viu,
quando as cerejas

dos soluços
em brisa e labaredas
rebentaram.

Ou era um canavial
pelas veredas,
que sentava
no joelho
de águas negras.

O fogo viu
o tropel desgarrado
da madeira
e vacas pastando
a agonia,
junto ao charco
escuro de açucenas.

O fogo viu jorrar
parras de sangue
e nada, nada enxuga
a dura lágrima.

E o homem
é um incêndio
sem palavra.

4.

Perdas

Haverá eternidade
que baste no incêndio?
Haverá inferno
em paraíso?
Proclamação do riso,
junto ao pranto?

E o incêndio é tanto,
quanto se ama ou se perde
de amor. Ou se extrema
na frincha, o amigo.
E não há chamas
que apaguem. Digo.
O incêndio é pior
do que o incêndio
quando arrancam
o que é nosso. Ou
páginas se extraviam
na máquina e não são
salvas, nem voltam.
Páginas, páginas:
arrancam o que é
nosso. E o tempo
não é velho, nem moço.
Nem usura, dispêndio.
O tempo é o incêndio.

5.

Flagrante

O incêndio desceu
ao poço. E o Museu,
tal prisioneiro, de
mãos atadas ao gozo
de escravidão, calabouço.

E giram o fumo, o fogo:
sobem-lhe ao pescoço.
Sobem no corpo, onde a alma
ébria procura o corpo.
Martírio? Não há esboço
de soluço algum no fogo.
E a morte, cheia de lavas,
avança lenta, sem rosto.

6.

Medo

O pranto se deita
no pranto.
Mas o Museu tem
olhos secos, tristes.
E não resiste
ao moroso
suplício.

E o medo,
o medo — não dele —
é das chamas
que o engolem.

7.

Dizer

Não procurarei
o céu da infância
e a infância já
tem fome de Deus.

O fogo avança,
quer dizer
e o que digo,
não ouve.

E o que se sabe
do amor que não
seja fogo?

8.

Lágrima

Aprendi como o fogo
desfaz o rosto. Como
o fogo não tem rosto.
Aprendi que o fogo
envelhece a luz.

Mas também aprendi
que o fogo corrói o fogo,
para ser mais fogo ainda.

Pavão branco, a chama,
outras vezes loba.

O que sua língua
rouba, não regressa.

Acontece com as rugas,
o que acontece com o espelho,
acontece com o incêndio:
das imagens rompe-se o selo.

E a palavra não vira pedra,
se é dádiva. O que escrevo,
não queima.

Vale encobrir no fogo,
a lágrima?

9.
Metamorfose
do espanto

Cego cego
cego o espectro
do medo.

A amizade tem
crença. O fogo
não.

O fermento do homem
o incêndio come.

A força da fome
O incêndio come.

A erva do sossego
o incêndio come.

O cordeiro do nome
o incêndio come.

A lápide da infância
o incêndio come.
O aviário dos símbolos
o incêndio come.

As idades e vínculos
o incêndio come.
Os degraus dos mortos
o incêndio come.

As genealogias, cerimônias
da corte o incêndio come.

As ideologias, partidos
e seitas o incêndio come.

Governos, juizados
e receitas o incêndio come.

A política das tribos
o incêndio come.

Todos os versos no ventre
o incêndio come.

Florestas e raízes
o incêndio come.

Fronteiras e países
o incêndio come.

Casas, bandeiras,
cargos e varizes
o incêndio come.

O tronco de fumos
e cavalos o incêndio come.

E é inevitável que suceda
o que o incêndio come.

A pele do mundo como seda
se descose e o incêndio come.

É uma jaula o universo
que sufoca e o incêndio come.

Os planetas e ciclos
o incêndio come.

A rebelião das massas
o incêndio come.

A história futura
o incêndio come.

As velhas estruturas
o incêndio come.

Tratados e esculturas
o incêndio come.

Civilizações, vendas
culturas o incêndio come.

Mosteiros e advérbios
o incêndio come.

A úmida casca das estrelas
o incêndio come.

Os imbecis e sábios
o incêndio come.

Sistemas e corruptos
o incêndio come.

Vaidades e verbenas
o incêndio come.

Jardins suspensos,
rio da Babilônia
o incêndio come.

No Sétimo Dia
Deus descansa
e o incêndio come.

Não se banha duas vezes
no mesmo raio, se o incêndio
come.

Onde me ergo e depois caio
o incêndio come.

Os pontos cardiais e epitalâmios
o incêndio come.

Sempre, sempre, sempre
o incêndio come.

Com suspeitoso estilo,
o incêndio come.

Como o tempo come
os próprios filhos.

10.

Renúncia

Não renuncio de viver,
mesmo que haja
incêndio.

Os deuses se atropelam
na inexistência.
O que nos humilha,
nos exalta.
E aniquila a
ciência.

O fogo transporta
o fogo, falai-me,
pedras, se o que queima,
alivia?

Não renuncio, inda
que morra
de viver.

11.

Todos os dias

Chora o fogo
nas cinzas.
Chora a ressurreição
nas feridas.
Chora o abafado ruído
das arqueologias.
Choram os sentidos

que dormem
nas tiras da razão.
Chora o manancial
das fábulas.
E a azinheira chora
na semente da noite.

Todos os dias parecem
iguais e o incêndio
tem andorinhas nos olhos
e seu mar não morre.

Chora a caverna
por não conter
tanta chama.
E com pestanas
de rocio as mariposas
queimam nas brasas.

Todos os dias são iguais,
mas o fogo não
retrocede.
Seu alfabeto de pedra
chora e não recua.
E o mapa é de uma pátria
sem regresso.

Quando o algibe do soluço
oscila sobre a fonte

que se solda, o fogo
é travessia de relâmpagos
e chora.

Chora de ir queimando,
chora de não poder amar,
chora por destruir apenas.
Chora no portão dos famintos.

E quando será revelado
todo o terror do fogo?
Chora.

12.
Hierarquia

O fogo não escapa
do fogo, como o violino
de uma nota à outra,
quando das cordas
saem flores.

E não há distância
entre Deus e a morte.
Não há distância
para o umbral dos
amantes.

Não escapam
pálpebras de sopro

no criado barro,
por voltar à boca.

O que não designamos,
adivinhamos. E se esgota
quando o fogo é a própria
rota.

Ou corta o animal hálito
do vento.

Não, não há hierarquia no fogo,
nem hierarquia no medo.
E o que nos engole
entre amor e nojo,
é o enverdecer do mito.

E o fogo aflora
a árvore das horas.

Não há hierarquia
de queimar, ou
de medir o saque.
Com o explodir
da aurora.

13.
Gota sucessiva

O fogo tem alma,
sente e só é frio

no ódio, frio
nos rotos sapatos
e asas.

O fogo fala com
insetos e pássaros.
E ao ter alma, sofre
de estupidez extrema.

O fogo tem alma,
mas não lava as chagas.
O fogo não lava os sonhos,
porque não se esvaem:
continuam sonhando.
Com palavras
que não morrem
de sono.

O sonho tem cor de água,
sangue de palavra.
O fogo tem alma
e desperta como
as ervas na tempestade.

E o que separa o sonho
e o fogo é a água.

Baixa a lua
no desejo,

lanterna,
gota pura
com sede.

Gota de fogo
de sucessiva
alma.

14.
Porões

O fogo é patriarca de tulipas
e a madureza já não tem sabor,
que os frutos se desfazem
na tristeza e é espaçoso
o fogo em seu sestear.

O homem se recolhe
e se repete na carência
do ar.

E o risco é o incêndio,
sem abrigo, o sibilino,
litúrgico torpor
de estar cativo.

Os porões da família
são o incêndio.
As gavetas da indústria.
O leite no entreposto.
O sol, que delatado,

vai deposto.
E o empréstimo
é o incêndio.

Se despido o fogo,
veste-se em malogro
de solidão.

E os subterrâneos
no coração:
incêndio.

15.
Pai terrestre

Fogo, pai terrestre,
desnaturado no descalço
favo. E sem defesa alguma
tens a glória de tuas chamas
devorarem, com irrevogável
pena.

E a sineta do Tribunal
percute, como o encanado
corredor da brisa.
Entre insetos vorazes.

E pernoita ou desliza
a treva das centelhas.
A sineta bate e fogo:

seu chicote, escolta
os ossos.

Mas o coração é flor,
é fogo, fogo, jarro
de gerânios.

E as almas como folhas
no outono, passam
pela ponte ou fonte.

Não tens, mãe, fogo.
Crepitas e puxas
Franz Kafka pela
mão, até o Castelo,
que nunca ele achará.

É flor dentro da flor,
o coração.
Fogo, levas o não.

16.
Cicatriz

Não cicatriza o fogo.
Sua ferida alonga-se
na pele, entre destroços.

Carnívoro é o futuro.
E os vivos encobrem
os mortos.

Não cicatriza o fogo.
E os ratos, baratas
saltam do incêndio,
como de um navio
que afunda. Saltam.

Não cicatriza o fogo.
Nem a dor cicatriza.
Encolhe-se na morte
de renitentes brasas,
que não morrem nas cinzas.

Não cicatriza o fogo.
E o incêndio é a república.

17.
Serventia

Depois de o fogo consumir,
não serve para nada.

Dividida a república,
nos extremos trancada:
o fogo não serve para nada.

Há dois lados: nenhum
contém a mesma lava.
Queima o fogo,
queima o povo.

Entre os eus não se salva
bondade ou lágrima.

Não serve para nada
a liberdade no fogo.

Não serve o amor,
se o fogo é tartamudo.

E o amor que urdo
não acaba no fogo.

Mas não serve para nada.
E se germinam cravos do fogo,
germinam rosas na neve,
germinam pássaros onde
não canta o fogo.

E a luz não cicatriza,
como um menino
que deixou pegadas
na infância.

Casa-Grande o fogo,
a estância, o palanque,
o pátio de milagres
e o ramo das pétalas
na alma.

E o incêndio devora
coisas amadas, estátuas,
documentos, quadros,
cartas.

O incêndio devora
o incêndio. E não serve
para nada.

18.
Trem

O trem apita, é o fogo
E os trilhos sem fundo
no túnel do incêndio,
quando os vagões não
têm locomotiva. Queimam.

O soluço dos sapatos
é o mesmo soluço
das sementes.

Mas o incêndio é árvore
e não sobram dele
As Crônicas de Nuremberg,
nem a Bíblia da Mogúncia,
nem objetos etruscos,
greco-romanos, ou preciosos
vestígios de Pompéia.

O incêndio no Museu
e a dor não serve nem
à dor, salvo para gritar,
gritar o absurdo
cansaço.

A gruta é o fogo,
onde não se desenham
mais bisontes.

A gruta é quando Sócrates
devagar bebe a cicuta.
Com a gruta da gruta:
o incêndio.

19.
Nome

O fogo não tem nome.
Nem precisa. Sabe-se
queimando.

Mas ocupa o espaço,
rompe e o riso
é o fogo.
A ossatura
é o fogo.

Fluem lebres
sobre o lombo
de vertigem.

161.

Estaremos todos
juntos dentro
de todos.

E dá voltas
o tempo. Mas
o fogo é sozinho.
Como pirilampo
na candeia.
Ou a memória
que caiu
do incêndio.

As pessoas se afastam
ou se unem, mas todos
estão dentro de todos.
Quando a nacionalidade
é engomado traje.

E não se enterra o fogo,
se é água derramada.

O incêndio do Museu:
severa carga
de escombros.

A pátria perde
o ombro, perde
os olhos.

E a lágrima
é o povo.

A lágrima é maior
do que o povo,
se a república
é o incêndio.

20.
Absoluto

Absoluto, absoluto
fogo. Guia-de-cego
na matéria é o sorvo.
O poço de ir adiante.
O fojo das idades.
O medo de cair
dentro do medo.
E a tarde é arrabalde
do fogo.

O que é pedra
não deixa de ser
pedra. E se quebra,
no fogo a noite
é cega.

E cego o desespero
de ser incêndio,
o espelho. Cego
dentro de cego.

Quando o Meteoro
dormia, acordou
assombrado. Cedeu
sopro ao sopro.

Mas sobreviveu
o Meteoro ao fogo,
com a roda
de milênios.
Sobreviveu
o antiquíssimo
rosto de Luzia.

É absoluto o fogo.
Mas o humano
só tem medida
no homem.

Sem ultrapassar
essa fronteira.

21.

Sideral sociedade

Não há mentira
no fogo, nem ideologias.
Ou sociedade sideral
do nada.

Nem a si mesmo
serve. Desmonta

o que lhe ama.
Derruba o que
lhe cava.

E gira, gira o fogo,
como um planeta
na órbita.

Gira e o fogo
é a porta, a aorta,
a trave de bilênios.

Mas não há celeiro
que baste ao fogo.
Nem incêndio
ao incêndio.
Igual a numeroso
avanço de potros.

Mas é míope
o coração
no fogo.
Torpe e absorto
seu abismo.

E a lágrima é povo.
Pranto de cego.

Se o fogo lê
os tardos
manuscritos,
mostra a erudição
de roê-los. Com
avidez maior
que as traças.

Não vingou
raça alguma
nas centelhas.

Mas desaba
das telhas,
esta lágrima:
o povo.

22.
Inocência

O fogo não tem
inocência, o fogo
não. É animal
na selva.

Mas não nos rendemos.
O incêndio pode
ruir as paredes
do Museu, as galerias.
Não nos rendemos.

O fogo pode avultar
com seus monjolos,
reses.

Não nos rendemos
à indústria de verbas
que comem verbas,
que comem fogo.

Não nos rendemos
ao nada.

E a borboleta,
larva
come a manhã.

23.
Instante

A pedra do instante
aperta
e o fogo é solto,
livre.

E muda a cor,
a identidade,
a extensão cega
da noite.
Como uma pétala
de força

O lugar é a verdade
das chamas.
Hora de eternidade
entre os ciprestes.

A promulgação
do fogo é a cinza.
E o dilúvio
dentro do incêndio
não finda.

Que sensatez
no entardecer
do equilíbrio?
Nada sabe ainda
a luz da treva.

Insondável
a lâmpada
do coração.
E falar é domínio
inextinguível.

Volto ao espaço:
que o fogo
é o fundo
avesso
do dia.

24.

Motor do nada

O museu queimou
por descaso.
Falta de uso.
Como o acaso
é o motor do nada.

Queimou o Museu
ao desamarmos
o passado, a roda
da infância.

Sim, a velhice
queima,
o rosto
que tivemos
queima.

E o fogo
está só
e por isso
queima.

Está abandonado
e queima.
De amor rejeitado
o fogo queima.

Como bicho
enjaulado
queima.

Os olhos dos mortos
estão no futuro?

Mas é o futuro
queimando,
o futuro que tem
a idade das feridas.

Como um campo
juncado de cavalos,
as brasas enfurecem
o fogo.

E o pólen do fogo
não tem grão.
Nem cura.

E fala a língua
das estrelas.

25.
Ilegível

Não se consegue
decifrar o fogo,
por ilegível.

Mas o tempo
decifra só
o que passou.
Não o que virá,
Nem de nossa
voraz morte.
Igual à formiga
sobre o muro
e a que entrou
na fresta da parede,
é o futuro.

Tudo pesa
na corrente,
tudo sente,
sem que se
perceba.

E não é preciso
perceber o fogo,
ele que percebe,
convoca, explode,
mata.

E a duração de uma mulher
no homem é a do fogo
em lenta combustão.
Mas o fogo não, não

tem mulher, nem família,
nem geração de emprego.

E o medo é pego
no flagrante espesso
da memória tardia
que em dor
se recolhe.

O fogo é quieto
medo.

26.
Mutação

O fogo, rosto
que vai mudando.
Com muitas
estações.
Muda com as sombras,
com o sono da lareira,
muda nas mitologias.

E o homem urde
a sua morte,
sob a teia.

O fogo gosta
do que ignora,
ignora o que teima
em combater.

E nos úmidos
declives do prédio,
onde correm ratos,
o fogo exato
vinga.

O fogo devagar
muda de alma.

27.
Pegadas

O fogo anda
entre escombros
do ar, pegadas,
quando a velhice
exibe seus
bizarros
animais.

O fogo
é um eremita
errante,
de gruta
em gruta,
atrás de curta
santidade.

Definitivas
são as imagens
do fogo, entre

garrafas, latas,
tachos, desperdiçados
símbolos.

E o fogo: certeira
imobilidade da morte.
Prisioneiro
dos vivos.

28.

Som belicoso

Quanto tempo ainda,
Ó Deus, esta desolação?

O som das coisas mortas,
o belicoso som?

Desabou o Museu
e Oráculo algum,
mesmo de Delfos,
saberá distinguir
deste tempo, as ruínas.
Ou essas se mesclam
tão atiçadas, sedentas,
que sufocam o tempo.

Nem a mancha branca
do firmamento
cintila, ao investir
do fogo.

E não aprendo, aqui, alegria
ou cânticos: ensino dor.

A morte reconhece a vida
e se distrai, enquanto fustiga
as lavas.

Depois que a morte é casa,
que profeta descobre
as brasas no fogo?

E é duro ser profeta.
Quando não o matam,
o enterram no silêncio.

Mas o silêncio dos profetas,
é o de Deus.

A justiça é veloz
como um cavalo,
ao punir. Não
interrompe o intervalo,
na defesa, a pé, lenta
nos alcança.

Ou chega tardia,
seca.

O fogo ignora
a fiança,
abole do círculo,
o pranto.

Ou o vínculo
de um a outro.
Até que a morte
recupere a ordem.

29.
Fulgor

Já não se diluem os mortos
e se a voz foi desterrada,
sobem no fogo quando
seus caixões descem ao nada.

E o que o homem tem na morte,
é o mesmo que o fogo sabe.
Se é fulgor na voz calada,
a vida nele não cabe
de tão intensa, guardada.

E o incêndio soterra as lavas.

30.
Domicílio

O domicílio
do incêndio
é a noite.

E o País
entre dois muros.
Dedos entre
dois fusos.
Sem as Parcas.

Poucos se fartam,
onde todos pagam.

O poder não sacia.
Rouba e prossegue
querendo essa fatia.

E o povo é lágrima,
tojo. E nojo: o poder
de um só partido.
Satisfaz a si mesmo,
enche seu celeiro
e não há pátria,
junto à fome.

E a fome queima.

Ao criar lei
por fora,
é sangue
a história.

A fome queima.
E o incêndio
nos retira.
Até o prêmio
do soluço apenas.

31.
Trote

É trote de animal
a chama e então
dispara.

Poucos se fartam.
Todos pagam.

E há o trote do poder,
como cão a farejar
o osso.

O seco trote do remorso
e o umbral dos pássaros.

Uns poucos cavam
o trôpego buraco
e todos pagam.

32.
Separação

Ossos separam
os gemidos.

Ossos separam
o chapéu das árvores.

E o incêndio
é um bosque
de felino fogo.

No gozo de poucos,
todos pagam.

E ossos separam
nosso sopro.

33.
Saída

Não saímos
deste incêndio
na caverna.

Encarcerados,
junto a sinais
e símbolos.
Bárbaro é o fogo,
Onde fenecem
civilizações
de pedra.
E o limo
medra, morde
os anos.

E o amigo chora
junto: é amor
que nos suporta.

Sem medir
o mar sem margens,
caminho
do trovão:
incêndio.

34.
Circo

O fogo é o circo,
sem lona
saltimbanco.
Algum trapézio
solto.

Mas o circo
vai gerando outro,
anões se multiplicam
sem infância.

Não se interrompe
o espetáculo: avança
com seus tigres.
Não interrompe
o devorar
dos ritos.

E entre um homem
e outro, o elo
é indestrutível.

E o fogo não erra,
a metáfora não
erra, se a república
é o incêndio.

Ficamos sozinhos
no limite e avançam
leopardos.
Vinga o medo.
Queimam gravuras,
efígies, pesquisas
se desfazem.

Ficamos sozinhos
no limite.
E o fogo
é desapego
da matéria,
sumidouro,
esfinge.

E podemos estar
subitamente todos
dentro de todos,
desde a origem.

181.

Ou em camadas
de Deus.

E o incêndio não
resiste. Queima
O circo.

35.
Anônimo

Não chamo o incêndio
pelo nome. Nunca
o quis. Surgiu
anônimo.

Um riscar de chama,
um fio noutro
calado. E o plasma
indissolúvel
do desastre.

Basta o açoitar
da negligência
e a verba
sonolenta.

Basta a leiva
e a placenta
burocrática
das fendas.

182.

Não, o incêndio
não contém
a Ilíada. Nem os metros
homéricos.

Por vezes é Ninguém,
como Ulisses. E o olho
só dos ciclopes.

O incêndio é a ciência
que aniquila.
E o seu vazio destila
na cantina.

O cio do vazio
que se repete:
ovário, fogo.
Engendra apenas
mortos.

E o incêndio não
é Miguel, nem Leonardo.
ou Eva. Vomita
metais, vergas,
trevas.

Nos joelhos respira,
ou transeunte

queima queima
queima.

Não chamo
o incêndio
pelo nome.
Absoluto,
teima,
queima
a dor
da república.

36.
D. Pedro II

D. Pedro II, na estátua,
diante do Museu,
de lívidos muros,
está impávido, ou
se ressentido,
aprendeu a não
mostrar no rosto,
disciplinou a arte
de governar, educou
os sentidos. Barba
proverbial, mais
imóvel que ele,
mão na parte
superior da roupa,
oculta, adivinhada
talvez na mesma pose

de Napoleão, o Corso.
Mas está de costas
ao incêndio do Museu.
Ou é a monarquia
de costas à república,
a traição, o exílio?
Ou apenas dá de ombros,
sereno, à volúpia de ver
assim queimando
o que legou seu reino.
Ou talvez se lembre
do que D. Teresa
de Bourbon ofertou
ao Museu queimando.
Ou do seu avô, D. João
VI, ao vir ao Rio
com a família. E atrás,
o clarão, como se o raio
parasse a luz. Mas a luz
de queimar, não cessa.
E alguém diria que suas
costas veem. Ou deixara
olhos, sem a pálpebras,
desde a nuca, para
constatar a dura falência,
ou vilania humana.
De costas, de costas,
o mundo parece mudar,
ser generoso. De costas,

o céu se ajunta, perto.
De costas para o fogo,
que exibe seu fulgor,
decerto. Mas D. Pedro II
está de costas, contempla
o carnívoro futuro, com olhos
de menino que viu surgir
o mar, que não havia.
Ou assistiu, perplexo,
ao Primeiro Dia da Criação.

37.
Verbas não
domesticáveis

O incêndio começou
no desativar das verbas.
Algum dirigente, sorrindo,
mexeu na pólvora. Começou
o incêndio com verbas
usadas noutros fins.
E as coisas humanas
esperam, até cansarem,
ou explodirem. As verbas
não têm pai e Franz Kafka
teve e o suportou, ou foi
conduzido ao Processo,
esse perigoso ritual.
Era o processo. Não,
as verbas não têm pai
e nem são domesticáveis.
Como a pólvora. As verbas

não são animais políticos,
sujeitos à soberba de grupos.
Os filhotes de leões devoram.
Crescem e devoram. Se não ao
dono, ao circo. E foram as famintas
verbas que começaram o incêndio.
Devoradas, devoraram.

38.
A vista

O fogo não me esconde
a vista dos homens.
O que pensa que ele é apenas
casca, apercebe-se do tronco.
E a luz tem dom de línguas,
como no vinho, o mosto.
E a unidade cai da unidade,
tal o espírito da água
e sobe, sobe em feroz
claridade. Mas o que dói
no fogo é chorar só,
como a semente chora
na mó. Chorar o dia
seguinte, chorar
o ardor das brasas
neste acinte
de querer devorar.

A graça engendra
a graça, o sol

à távola do sol.
Nada disfarça
o anzol preso
no peixe, à boca.

O fogo não esconde
a vista dos homens.
O fogo não serve
para nada, salvo
para cegar
a genealógica
vaga das espécies.

39.
Fogueira

O fogo se escraviza,
É caixa de extermínio.
Sua casa guerreia,
ou cala, ou toma a teia,
onde seca a retina.
E o que arranca, devolve
nas cinzas divididas.

E o que entristece, vara
com pompa prevenida.
E é espinho ardente,
seta, que a vastidão
desfecha na fogueira
das eras.

40.

Terror e incerteza

Pai terrestre, Fogo,
é um terror a lucidez
e outro, esta incerteza.

Ó Pai, o fogo encosta
a escuridão na testa.
E se morre o homem,
por que o tempo dorme?

E se dorme, quando
achará o homem
sua varanda enorme?

Pai terrestre, quando?

41.

Filho do homem

Filho do homem,
o que não sabemos,
sabemos. O que
possuímos,
nos possui.
E a hora goteja.

A pera da agonia
tombou da árvore
e a comemos.
E nos comunicamos,

se não com os mortos,
com algum pífio consolo.

O fim do mundo é o fim
dos sentidos
que exaurimos.
E o espírito visita
alguma inscrição
na luz, um epitáfio,
ou talvez passagem
sem declínio.

Não, incêndio
nenhum descansa.
Nunca se prova
tudo o que sucede.
Ou tudo sucede,
mesmo sem dar conta.

Filho do homem,
escuta este rumor
vagaroso da monda.

42.
Passagem secreta

Fogem vozes
do fogo. Vozes
no murmurar
da pedra.

O amor tem passagem
secreta sob o real
palácio? D. Pedro I
e a sombra até as tílias
de Domitila?

Fogem do fogo
as vozes.

A passagem secreta
dos sonhos.
A passagem secreta
da alma.
Passagem de vozes
que domo:
intocáveis ao fogo.

Mas envelhecemos
e desaparecem
os contornos.

43.
Imobilidade

A Estátua de D. Pedro II,
diante do Museu não
transparece a imobilidade,
que a pedra concede.
Não transparece a dor,
quando atrás o delírio
do fogo alarga a foz,

como de rio carregando
enorme círio, fumegando.
E o nobre Imperador
se recordou lentamente
quando sentara no trono,
ou depois perdera num
instante o seu governo,
indo em navio para tão
longe daquela pátria
idolatrada, salve. Velho,
enfermo. Mas não virou
as costas, foi o fogo
que foi virando as
costas para ele.
E se a república
neste incêndio
queima, seu País,
com o povo
vai continuar.
Continuará.
Ninguém apaga
o escolhido tempo
que, aos poucos,
teima, vai tecendo,
tecendo. Advirá.

44.
Desequilíbrio

O gênero humano
não tolera

tanto fogo,
nem o fogo
tal o desvio
que gera,
em sucessivas
órbitas.

Que a loucura
não entende
porque a bondade
queima.

E é uma gota
no vaso,
que levanta
a água.

O gênero humano
não se esgota
no humano.

45.
Pai e irmão

No fogo
de um avecê
morreu meu pai
Sady e meu
irmão José.

O incêndio, febre
inacabável. E eu
media a cavalo,
a sombra, media
a sono e a noite
escavava fuzis,
fusíveis, a dor
que das paredes
pendia. E o fogo
o fogo que matou
pai e irmão,
fogo com outro
nome e agora
galopa no real
museu. E não
tem pátria.

46.
Captura

A memória nos captura,
como o fogo.

Do sopro,
Adão e a árvore
de fogo.

Da costela
sai Eva,
como o fogo.

As letras
no pranto:
leem o fogo.

O pó nos comerá.
Desejo, pó
no fogo.

Sob a língua una,
vou levantar-me.
É o fogo.

E a luz levanta
como um rio
que apaga o fogo.

47.
Segredo

O segredo do fogo
ninguém sabe. O segredo
da pátria. O segredo
da guitarra cega,
entre as mãos.
O segredo de sentarmos
na pedra e estarmos seguros
sem mudar de sombra.

Mas que segredo
tem o fogo,

que se aloja
no sino de brasas?

Acaso o fogo sente amor,
ou piedade, nostalgia,
suor na testa?

O fogo é capaz
de recolher-se,
abatido? Ou se exaurir
na espiga das centelhas?
Ou enamorar-se,
mesmo por si mesmo?

O fogo tem segredo
e se destrói, arqueja
estranho medo, como
corcel atado pelo arreio.

O fogo tem segredo,
ou algum detido espinho,
junto às patas. Ou preserva
feridas. Ou encontro nele
o aflito gênero humano
de um só grito?

48.
Bairro

O bairro da tarde
pesa, arca.

196.

E o fogo, branca
gaivota se arremessa
sobre a barca.

E o vento é harpa.
Desata as cordas
das brasas, represa.

Ezra Pound anda
em Veneza. Americano,
de olhos soltos, agudos,
loucos. Caminha
e o incêndio, alva barba.

Viver é perder.

49.
Choque

O arbusto do trovão,
Negras folhas.
O espaço de existir
não tem resposta.
E não há paraíso
no vento, nem no mundo.

Meu amigo, com fulminante
fogo, enfarto, desabou.
Não me aparto
da lágrima.
O peito rolou

do peito.
Como automóvel
da roda.
E o incêndio
é para dentro
do incêndio.
Não fica nada
mais fora.
Com o choque
das furiosas
estrelas.

Resgato o rasto,
o arpéu das cinzas.
O inopinado fôlego
dos homens para cima
e dos bichos
sob a terra.

Resgato
o visgo,
que o cativeiro
encerra,
a descida ao reino
da milenária
relva.

Resgato
meu amigo

198.

da morte?
Resgato
o seu pulsar
copioso?

Viver é ir perdendo.

Só há dor e fogo
e sangue.

Ezra Pound
caminha em Veneza
com os pombos.

Perto, um velho cão,
tendo o osso do poente
nos dentes, late.
Bate a noite
o malho e pesa.
Até o amanhecer
pesa no orvalho.

50.
Vitalício

Não há fogo vitalício.
Mas é vitalícia
a morte.

Antes de aposentar,
ou antes que

199.

nos comporte
em sua poupada cova,
ou nos leve a seu lugar.

É vitalícia a espera.
Os ganhos consumidos.
Com o sol: não brilha,
enterra. E a noite
sodalícia.

Quanto queima
a matéria,
se o fogo exercita
a desocupada selva
de caminhar.

Fogo é como moenda
com produção ativa.
E o incêndio, colheita,
onde a morte coabita.
Não há vitalício fogo,
mas vitalícias cinzas.

51.
Sulco do fogo

A biblioteca queimou.
As letras na lábia
da fumaça
não serão mais
descobertas, ou lidas.

E os livros caíram,
de escombro
a escombro,
em desatenta cinza.

E a alma de gerações
se esvai. Não é pancada
na luz e a luz não é pancada
de alma.

Como o sulco do fogo
não é o sulco
de um barco.

O arco, se dispara
a flecha
se completa.

Resta a chama
na morte,
ou não tem mais
chama alguma.

Por se esvaziar
pela sorte,
como em cisterna,
a água.

E meu amigo
é terra e dorme.
E a terra não filosofa,
devora. Demora
a se fechar.
Igual ao fogo
e se escora
rente na noite.

Sim, o sulco do fogo
corta mais do que foice,
corta na desolação
do coice. Ou o coice
é fogo do homem.
O fogo que come
A fome do fogo.

Se o paraíso canta
na garganta acesa
do cão,
canta o fogo
pela língua
do chão.

Ou não canta,
morde
a pupila,
a pedra
de uma constelação.

Morde.

A terra devora os mortos.
O fogo devora a terra.

52.
Volta

Vai voltar o Museu.
E estaremos todos
dentro de todos.
Suspeito. O tempo
vem, o tempo
que não queimou.

No fogo a pátria
não é idioma.
É aventura.

E a pátria ficou
à míngua, a água
engole a sede.

Mas se erguem as paredes
do Museu Nacional. Caiu
o aro do céu na roda:
bicicleta. E gira. Volta
o Museu mais amado
do que antes. E o fogo
não serve para nada.
Explodiu e não deixou

ossadas. Pois tudo
é adiante, tudo
é um transe,
o êxtase de ir
levitando além,
com o horizonte
preso à coleira.

Retiradas as ruínas,
as tão velhas cinzas,
os dejetos da morte,
com ovos azuis
a espécie volta.
E novos vasos,
efígies, pesquisas,
sílabas. Agora
já sem muro.
E o futuro começa
a chover, acende-se
na brisa. Luz de seda,
a camisa. Sem olhos
vendados, de quando
os cavalos do vento
pousaram no estábulo.
E humano, é o mundo,
humanas as constelações
de Andrômeda e a Ursa Maior,
o anel miraculoso das estrelas.
E todos de repente

acordaremos dentro de todos.
Acontece como perseguir
alguma garça tão límpida
na Urca. Acontece igual
às idades do oceano.
Recobro-me do humano
e o fogo já não serve
para nada. Mesmo
que os profetas
sejam exilados,
molestos ao poder.
Mesmo que saiba
que vou morrer.
E o fogo não
serve para nada.

53.
Augúrio

Nova verdade assisto
para a cidade, quando
o injusto deste fogo
se despedaça em guitarra
de trevas-chamas, sinto
que o augúrio, este martelo
na bigorna, é certeza
de rumo, e cintilante
cometa este Museu
esgota a tristeza.

54.

Os profetas

Sobrevive o Meteoro,
sorri como profeta
do que virá e viu.
Depois vai tartamudo,
ou absorto espreita
o suceder do mundo.

Tememos os profetas.
Onde estiverem.
Tememos. E há
os que se ocultam
neles: de amor
enternecido.

E o que, vivos,
perdemos,
levamos
com os sentidos.
Ou nos levam
os mortos.

Voltou o Museu.
Ou tiramos
os sapatos.
Pisamos a terra.
Somos pequenos
aos nossos sonhos.
Atravesso onde

nenhum pássaro
atravessa. Medonho
é o desequilíbrio
entre uma alma
e outra. E digo:
reina sobre todos
os montes, a paz.
Em todas as frondes,
Goethe, sentimos
o vento leve.
Os bosques
cantam
com as aves.

Nada nos pertence.
E tudo fermenta,
espera.

Não importa
se me perdi
no Todo, ou
se o Todo
me perdeu.
Quando os profetas
falam, Deus
se move.

55.
Ventura

Se excessiva
é a ventura,
a palavra então
para.

Nos plantaram,
concisos,
juntos, no paraíso.

Ou quando estamos
todos: uns dentro
dos outros.

A eternidade
não queima
a eternidade.
E o idioma
da infância
anda em
tantas instâncias.
Ou vaza no finito.

Não basta o grito,
Ou revelar do incêndio
os elementos.
Sem cautela, pode
retornar o incêndio.
Verbas comem

as verbas e hortaliças
restauram o jardim.
Mas nos montes
reina a paz e os amantes
se encontram.
Mas se o incêndio
destruir, faremos
tudo novo.
Construiremos
nos escombros,
escreveremos
outras páginas.
Continuaremos
escrevendo.
Continuaremos.

O que tomba
deste poço
da imagem,
é dádiva.
E o que à tona
emigra: linguagem.

Como aragem
que nos separa
de nós mesmos.
E nada é nosso.

Mas se o fogo chega,
reconstruiremos.

A lágrima é povo.
O verso, povo.
E se é grande o poeta,
guarda o rosto
do povo.

Nada é nosso.
Se os homens
ficam mudos,
o fogo não.

Escuto
o rumor
das gerações.

Envelhece
o chão,
o povo não.

O profeta morre
e vive pela boca.
E a forma gera
a calma.

Todos na mesma alma.
Com rodas de fogo.

210.

Como Elias,
em Deus.
Rodas rodas
rodas.

E é como
se abre
o céu.

56.

Pedra humana

Fogo, estás demasiado vivo,
ou demasiado morto.
E sobre o ervoso umbral,
pisadas, o solo magro,
traços do pés, sapatos,
usados gonzos ou coisas
que oscilam, giram.
Batido redemoinho,
com vegetais junto à sola,
entre centelhas caídas.

O fogo, boi distraído,
como se de eternidade
pastasse. O fogo vivo
noutro mais morto
por dentro das duras
cinzas. E o que cala
é precavido. Cada
pegada, um ruído.

Fogo, idade da agonia.
Segue sem voz amiga,
segue no que se esfuma:
humana pedra e tão funda,
por onde o fogo mergulha.

57.
Vazamento

O fogo chove,
com nuvens.
Sem céu.

E as gotas de água
são gotas de fogo,
gotas de infortúnio.
Como pardal
caindo
no escuro.

Chove o fogo,
como se tivesse
outro idioma
e se apropriasse
do sol. Ou voasse
fora da ©asa.

A chuva do fogo
vaza para dentro,
cresce para baixo.

E em brasas
se corrompe.

Sábio é o que amanhece.
E quando a água entra
em estado de fogo,
desce em estado
de chuva.

Vaza no fogo
a morte. Vaza
a eternidade.
Vazam gotas
de borboletas
e estrelas.

E o fogo, porão
passando na infância,
chove.

58.
Víbora-soneto

Víbora, víbora, o fogo.
De pleno veneno, os dentes.
Língua bífida. Que o corvo
devore, devore o ventre

da solidão. Sem que aceite.
Movendo-se, preso ao corpo,

O fogo, fogo, serpente:
por entre ramos do sopro.

O covo do fogo, estreito
em áspero bote, quando
investe, salta, levando

a cauda, cabeça. E tomba
o fogo, dobra-se ao vento:
serpente que come a sombra.

59.
Obstinados

O atrito da vida.
O atrito do fogo.
Sob o desejo,
as pedras se amontoam.

A viela dos mortos
e dos vivos. A viela
dos corpos
e a do precipício.

O fogo não lembra,
não precisa lembrar.

A derrota só vem,
se não continuamos.
A vitória é a derrota
deitada.

Desolada quietude:
o sentido do mundo.
Mas obstinados,
obstinados
continuamos.

Até que a realidade
caia, ou troveje
escuridão.

60.
Perdoar

Fogo, teus olhos
cresceram
com as estrelas.

Cresceram no arrulho
das tormentas e raízes.

Se perdoares a ti mesmo,
perdoarás os felizes.

61.
Cegas orelhas

A calvície do fogo,
os perdidos dentes,
o gasto oxigênio,
os encovados olhos,
o delírio dos ossos,
a angústia que desgarra
sua estirpe de guitarra.

Como conter o fogo
na amêndoas das artérias
e ouvir palavras velhas,
tendo cegas orelhas?

O tímpano da noite
é o tímpano do fogo.
E se ele escuta a água,
já não logra ouvir nada.

62.
Relinchos
do Fogo

Quantos cavalos o fogo
galopa dentro do fogo.
Crinas de brasas ao vento   ,
por entre vales e pedras.
Cavalos de flores e ervas
e prados, encostas, névoas.
Quantos cavalos o fogo
deita na tarda sesta.

Quantos cavalos na margem
de ondulosos rios e ouvidos
no cantochão de gemidos.
Quantos cavalos a aragem
leva de fogo e de sela,
leva cansaço e procelas
e os poentes no relincho.

Quantos cavalos consigo
enumerar na corrida
deste fogo pelas grotas,
entre sussurros e intrigas.
Cada corcel tem as rotas
sobre o lombo e nos aflitos
flancos de chamas remotas.

Quantos cavalos o fogo
no verdor vê consumidos.
Se conheceram o exílio,
gastam no casco os sentidos.
E vão tão longe que o sorvo
do fogo é de mesmo sítio.

Quantos cavalos o fogo.

63.
Palavras

As palavras não
amam sozinhas,
se não amarmos.
Fogo, somos o amor.
Somos as palavras.

64.
Sopro

De cabeça baixa,
a espera.
De cabeça erguida,
o fogo.

217.

Cabeça baixa
das heras.
Cabeça erguida
dos sonhos.

Cabeça baixa,
esta ânsia
de se transcender
no pouco.
De cabeça erguida,
a infância
com seu capitoso
horto.
De cabeça baixa,
o morto devagar
posto no esquife.
De cabeça erguida,
o tempo que se alimenta
do fogo.

De cabeça baixa,
o crime.
De cabeça erguida
é o homem
com fogo
dentro da argila.

O fogo que entra
no sopro.

218.

E o sopro
que não termina.

65.
Águia

Nejar, por que buscas
o bordão dos signos,
contemplas o fogo
e o cansaço das esferas
e o teu cansaço?

É numeral a fome,
a profundidade
do teu sonho.

Ou incendiaram
tuas ideias
e é fugaz
o esforço.

Sorris
na porta do século,
sorrirás ainda
no eco, ou nas rajadas
das sílabas.

Nejar,
o que podes
com teus versos,
se vens também do fogo

e sobre a tábua de maçãs,
escreveste o esboço
das labaredas,
seu sublevado
povo?

Incêndio é águia
sobre a popa.
Águia enterrada
na garganta.

66.
Exaustão

O fogo sucumbe
nas feridas.

67.
Amor

Não se evapora o amor.

O fogo maltrata a vida,
como o instante engana
o homem.

O que goteja
vem da solidão
e é dor das coisas
no que grita a flor.

Não se evapora
o amor e a luz
não nos basta.
Nem o inverno.

E tudo aguarda
a última palavra.
Não se evapora
o amor.

68.

Inscrição final

O que serviu, não serve.
O que sonhou, não sonha.
Que o impossível exponha
o amor que nada deve.

A terra devora os mortos.
O fogo devora a terra.

NO DIA 2 DE SETEMBRO DE 2018, o Museu Nacional, na Quinta da Boa Vista, no Rio de Janeiro, sofreu um incêndio de grandes proporções, no prédio abrigava sua sede. Foi, ali, residência da Família Imperial, em 1822, a sede, de 1889 a 1891, da Constituinte da República. Além de vasta biblioteca de ciências naturais, possuía coleções de geologia, paleontologia, botânica, zoologia, antropologia biológica, arqueologia e etnografia, em boa parte, destruídas. O Museu Nacional estava incorporado à UFRJ. E este relato era, pelo descaso e falta de verbas, uma tragédia anunciada. Com prejuízo irreparável para a comunidade científica e o povo brasileiro. Mas creio na sua pronta restauração. Se o que ignoramos, nos ignora, preferimos, como Paul Valéy, "romper com o impossível!"

E foi este poema único escrito entre
25 de outubro e 17 de novembro de 2018,
na Urca, "Esconderijo da Nuvem".
Dou fé,

Carlos Nejar
servo da Palavra.

Brumadinho: Tocata de Barro em Dor Maior

[lama]

[**to·ca·ta**], composição para instrumentos de teclado, com mais de um movimento e virtuosismo.

Minidicionário da Língua Portuguesa
Evanildo Bechara.

Vivente de espaço

Este é um ferro
que mata,
água
que se amontoa.

E a palavra
que afago:
jogado
da(r)do.

Não sigo
aos pássaros,
mísero
vivente
de espaço.

E é o rebentar
do dique,
cachorra
faminta
no pasto.

2.

*Mata com certa
ordem*

Este é um ferro
que mata. E água
que se amontoa.
Ou mesmo ferro
que escarva

e com a represa
rebenta.

Este é um ferro
que mata, onde
a drenagem
despenca.

E o barro
risca
a paisagem.
Com sua boca
sedenta.

O que sobra
não tem margem.
Que a morte anda
nas ventas.
Até possui
certa ordem,
onde a voragem
se inventa.

Este é um barro
que mata
e só lacera
ou retrata
a fera que vai
no homem,

junto à indústria
que fermenta.

Ou apenas
na morte
é fome,
dura serpente.
E se farta.

3.

Mata na usura

Este é um ferro
que mata
E não há trigo,
ou colheita.
Do barro
se engendram
mortos
e da água,
apenas
sede.

Porque o ferro
então transporta
febre na usura
ou na bolsa.
E o furor
da lama fura
da morte,

a fratura
exposta.

4.

Habitantes da bruma

Nós, habitantes da bruma,
no rio pescávamos peixes
e os peixes nos espiavam
com os caranguejos, o feixe
de brisa. Tínhamos água
que nos saciava. E se esfuma.

Nós buscávamos apenas
o que na luz se irradia
e o tempo nos dá sem penas.
E ora comemos terra,
barro, ferro, penedia.
Sem fiar alegria,
a noite nos baixa, plena.

Nós, habitantes da bruma,
agora temos velhice
das coisas, velhice imposta,
que se enterrou nos recifes
e no lodaçal sem norte,
que a morte sem dó suporta,
ou sem fé suporta a vida.

5.

Fresta e moeda

Ó quanto o poder
se aplaca
na fundura
da moeda.

E todo em
si mesmo
gasta,
sem o voo
de gaivotas
sobre a ganância
que verga.

E o que resta
na república,
senão tal fresta,
tal púnica
devastação,
quando a paga
é pela moenda,
água.

E o rio
vaga
sem fala.

Se a terra
com ferro
mata.

6.

Vazar da ruína,
digerir do homem

Cada morto
leva a encosta,
leva casas
no rebolo,
leva montes
sob as brasas
de apodrecido
solo, rancor
das cinzas, fatal
badalo
de um rio
dentro
do sono.
E come a erva,
com escárnio.
Como pás comem
moinhos.

E é um mastigar
com pedras
batendo
dentro do sino.

A bruma na
bruma some,
vai engolindo
esta sina,
este vazar
da ruína.
Inferno
que não
termina.

Ou ferro
sem flor,
semente,
que plena
morte
rumina.

E a represa
assim digere
o homem:
voraz comida.

7.

Ferro e terror

O terror
não tem renome,
nem vale,
e nem colina.
Quando a dor
não serve à vida:

233.

o sonho secou
em cima.

O ferro é o terror
enorme,
torpe a moeda
em vão dorme.
Ou fica no forro
oculta, quando
o terno ali encurta.
Mas a água
que mastiga
e os seus
defuntos:
resina.

Humanos,
o que resiste
nesta indústria,
que, sem data,
não avisa
quando avança.
Nem previne,
quando mata.

8.

Boca de Deus

O barro de onde
viemos, não

se conforma
com o ferro.

E estamos
de pé, por
causa do sopro.
Estamos de pé
por causa
dos sonhos.
E o esforço
de continuar.

Mas voltamos,
voltamos: não
ao barro.
À boca de Deus
soprando.

9.
Animais, peixes,
deuses atolam

A vida não tem saída.
Cobre com malho
a bruma e bate
de ferro a vila.
É quando o barro
endurece o tear
e firma a linha.
E finca a agulha,
até o fim, sob
a epiderme.

E é o mundo todo
que geme.
Desconserta-se
a fortuna.

Mergulham vacas
e meses, atolados:
cães e peixes.
Por onde rastejam
vermes e se acomodam
os deuses.

E libidinoso
é o ar,
íntimo
abismo.

10.
Parlamentares

Parlamentares
de musgo sussurram
e a voz no barro
cresce, palpita
em reduto
de retórico
conchavo.
E a alma rota
resvala
e arqueja
de nojo e lodo.

Quando o universo
é um soluço.

Humanos — e que
recurso — salvo
afogar-se no medo.
Ou ser pelo ferro
expulso. Ou se
entranhar
lama adentro,
achando navio
no fundo.

11.

*Poder administra
o barro*

Ó País, que
investidura,
esta de sabor
bizarro,
se não é boa
a mistura,
em quotas
de ferro
e barro.

Pois o ouro
se depura,
torna mais
branca a lua.
E limpa

a luz
na aspereza,
sob o peso
que fulgura.

Ó meu País,
por que o barro?
Por que este
beber amargo,
que nada
retém, só gosto
de azedume
em seu recado?

E governos
que se fixam
no poder,
têm barro
assíduo.

E o poder
moroso ensina
a distrair
os resíduos.
Ou armazená-los
em turnos
de lodo
e de maresia.

Porque o poder
tanto anima,
tanto toma,
tanto vinga,
que, barro,
se administra.

12.

Sineta do juízo

E a toga
no barro
range
e aos habeas
dados
à morte,
não há ministros
que livrem
no ferro,
o que a soga
prende.
Mesmo
que ferro
e barro
jamais
se entendam.

E o barro
tem seus
ministros,

todos a dedo,
escolhidos.

Se não é de barro,
a manga,
de traje a rigor
vai vestido.
Tendo barro
em seus
sentidos.

A toga
no barro
range,
como sapato
no friso:
range a sineta
do juízo.

E os habeas,
aos poucos,
tangem
joelhos
de espertos
e ricos.

Nenhum rumor
de fuligem
se faz assim

tão convicto.
E o acórdão
desce ativo:
mais para
os mortos,
que aos vivos.

Quem dá remos
ao supremo
som da estuante
justiça?
Quem vai calar
esta barca,
que a opulência
cobiça,
com navegação
compacta,
se o barro
já sobrevive,
férreo,
em redutos
baixos?

Ó meu País,
que abalo,
que temor
vem aos ouvidos,
que o barro
possui arquivo.

Nem é mais
escondido,
do que o que
guarda
sigilos
mais recônditos
do juízo.

E o barro acolhe
contrito
os jurisconsultos
signos.

E o mal talvez
seja mito,
ou alvissareiro
símbolo.

Ó meu País,
não consigo
absorver
tal desígnio.
Mas existe
o homem,
como o mal
dorme
no estribo,
ou junto ao carro,
encolhido.

Ó meu País,
este barro,
este mal
em ti
retido.
Ou talvez
desequilíbrio,
ferro
no barro
cozido.

13.
Privatizações

Ó meu País,
vais privatizar
ferro, barro,
as estações.
Vais privatizar
ruínas, benesses,
fomes, rimas,
ritmos, pés
eleitos
em vez
de cultura
e mentes?

Vais privatizar
o mundo,
ou o descaso,
estas milícias

do barro,
as conjurações
do medo
e da rapina,
ou arremedos
de convenientes
reformas.

Privativas
a esperança,
os militares
desforços,
ou privativas
os ossos?

Ó meu País,
a corrente
desigual
vai entre
povo
e os jazidos
afluentes
que o poder
criou
em torno?

Mas teu pendão
não se rende
a tal penúria,

nem se lava
no poço
de mãos
cavadas.

E o desconcerto
no bojo
já não distingue
o calibre
dos maus
e bons,
junto à história.

incêndios

Ó meu País
dos incêndios
de museu
ou dormitório
de meninos.

balas sem dono

País de balas
enlouquecidas,
sem pai ou mãe,
buscam o alvo,
como gaivotas
errantes e o corpo,
popa flutuante,
sem anúncio
de espera.

*Facções, grupos
de extermínio*

E o musgo, heras,
facções, alguns
grupos de extermínio,
ó meu País,
quanto choras,
desde a semente
ao engenho
dos mais soterrados
gritos.

*Mortos na liberdade
agarrados ao barro*

Pátria, pátria,
quantos mortos
na liberdade
despontam?

Agora todos
detidos, caem
agarrados
ao barro,
ao canônico
segredo:
a morte.

14.
Privatizar o barro

Ó meu País,
se o ferro
tivesse amor
pelo barro,
que restaria
da fome?

246.

O ferro se
une ao barro
por amizade
da água.
E só se apega
e se amarra,
ao contágio
da represa.

Como podes,
pátria viva,
privatizar
tanto barro?

Ó meu País,
quem te isola,
quem te retira
e se escora
na desventura?

Privatizas a loucura,
meu País,
com tanto barro.
Se privatizas
a noite, vais
privatizar
a aurora.

Mas tens
grandeza
e te bastas:
não te afogas
no pequeno.

Se de amor
na terra
queimo,
pode haver
flor
no que amo.

15.
Somos inocentes

Outrora
no paraíso,
o barro então
fora expulso
no homem,
por ter
perdido
a inocência.

Agora, com
tantas mortes,
a perdeu de novo,
sob o torvo,
incrédulo
abismo.

Nós, que
inocentes
somos
diante do
desequilíbrio.

Inocentes,
mais humanos,
que no mal
nada é preciso.

Tudo se basta
no engano.
Nós, inocentes
somos ante
tamanha fome.

Nós inocentes
ficamos
vendo barro
e ferro juntos,
atados ao mesmo
ventre.

E por isso,
percebemos:
nem o presente
e o futuro
são inocentes.

16.

Filhos do desastre

De barro
giram desígnios
de solver
os danos.

De barro
os filhos
do desastre.

De barro
são gerações
atingidas
pelo abalo.

De barro
acordos
e encargos,
todos de
mesmo molde
e protelados.

De barro
os argumentos
de bom estado
antes do explodido
dique.

De barro
fiscais
suspeitos.

De barro
o rito
de como
o poder
desmente
o havido.

De barro
insanáveis
vínculos
e interesses
contritos.

De barro
o silêncio
e o atrito
armado.
E os afogados
no barro.
E ali vão
intuitos vagos,
altos princípios,
de lodo fundo,
afiados.

Ou remendos
da justiça,
lei esculpida
no barro.

Sótãos
do Direito

Do Direito,
austeros
sótãos
agrupados
sobre o barro.

E o exangue
preconceito,
o estertor
e ossos da tarde.

De barro
a imemorial
cobiça
e o relâmpago
da usura
bem mais cedo.

De barro
os que estão
à beira
e os que dependem
do amparo.

Avariadas
famílias

De barro
as avariadas
famílias,
com a dor
plantada
no vaso.

De barro
mortos e vivos,
todos no terror
letrados,
de mesmo visgo.

Mariana, Mariana,
nada aprenderam
contigo.

17.
Defuntos assustados

O túmulo
não é legado,
é apenas rigor
do nada,
em valos
aquinhoado.

Túmulo
em barro,
é portal

de defuntos
assustados.

Túmulo
nada redime
entre desertos,
delito
de haver
nascido
e extinguido.

E as pegadas
nunca dormem.
E nem o sonho
é conforme.
Nem Deus
se encosta
na morte,
tendo já
ressuscitado.

Túmulo,
músculo tardo,
sob o rastilho
profundo
de o corpo
gastar-se
em húmus.
Ou a alma

toda engolfar-se
na maranha
deste crime.

Ou pesadume
estranho
que o poder
sem lume
atraca.

E vogais,
consoantes,
estrumes,
flores
no ferro
que mata.

18.
Desaparecidos

Os desaparecidos,
postos sob o silêncio,
como se foragidos.
O barro e o ferro
os tragou,
sem documento,
ou arquivo.

Foi-lhes tirado
os nomes, o direito
de sepultarem

o corpo, com funeral,
respeito, honra
de haver o terno
de madeira,
ou de chorarem
por eles,
ou ao menos,
a descida
com decência
à terra, que nos
recebe,
de igual fidalguia,
vício, talvez gosto
de voragem.

Os desaparecidos,
todos inteiros
no barro, ou
em metade,
ou partes,
de tal forma
que, resolutos,
sem a idade,
o barro feroz
arranca, como
se nada
arrancasse.

Sumiram para
dentro, sem aparo,
foram sumindo
no pélago aberto
de inculto barro.
Foram sumindo
no fundo
de tal ferro,
como escândalo
ou desvelada
injustiça.
Igual em mar,
estas naus
naufragadas.

Mas no lodo,
todos são lodo,
são ferro, são
imóvel pedra,
ou ramo
de mineral
figueira,
sem o pudor
da sombra.

Os desaparecidos,
mais de centena,
perderam identidade,
sim, a morte os faz

anônimos, quem sabe
junto ao carvão, ou
em vigas do mais
lapidado barro.

Todos de tão esquecidos,
mesmo o terror esqueceu.
Com afronta, humilhante
pose, que embaixo
da argila ardeu.
E uns aos outros,
ignaros, que a morte
os não deixa ver,
nem sentir o humano
caule, saudade
de quem amaram,
ou de afeição,
desprezaram.

Diria, sem bem,
nem mal, nem
rajada de tremor.
E sem sementes
sequer, sem cara,
membros, vazão.

Morreram mais
do que os mortos,
morreram de não

ter voz, de não
possuírem corpo.
Nem sortilégio
do fogo,
ou de um dia
serem pó.

19.
Não aceito

Não aceito mais
o barro
que entra
pelas vielas.
E a puída língua
move sua
alavanca
de sangue.

E os séculos
sobre o focinho
desta marulhosa
pedra, tugem,
rugem, com a cauda,
que é ferro.
E aos mortos
verga.

Não aceito mais
o barro
que vomita

na garganta
de charcos,
rio, sombras,
gotas de letal
veneno,
ou mosto.

Não aceito mais
o barro
de represa
que rebenta
solitária
com manadas
de águas sôfregas.

E o bordão
da morte
esfria,
entre fumaça
e agonia.

Não, não aceito
a rapina,
o mar no aqueduto
obscuro, montanha
de muros
sobre escombros,
desterros.

Mas de amor
à terra
queimo,
havendo flor
no que amo.
Mesmo
no esvair
do nome.

Não aceito mais
o barro
da devastação
do homem.

20.

Lama-mãe

Lama mãe, guardas
teus filhos
para a merenda,
ou gatilho dos ossos.

Lama mãe. Nenhum
remorso tens
de sufocar
seu grito.

Lama mãe, o que
pariste, se não
te ampara
o limite?

Mãe infecunda,
nem a Mariana
lembras, igual
a ti nas raízes.

Lama mãe, sob
o regime
de escavar
o céu nas minas:
matas a luz
sozinha.

21.

Ritornelo férreo

De ferro em
ferro, já se retarda
o tempo.

De ferro
em ferro,
é o temor,
cedro.

De ferro
em ferro,
podes
matar mais cedo.

De ferro em
ferro, o texto
perde enredo.

De ferro
em ferro,
nada se faz
no medo.

De ferro
em ferro,
o lodo é máscara
dentro.

De barro
e ferro,
a memória
declina.

E esmorece
o sangue,
de barro
e ferro.

A morte
é tua usina
de barro
e ferro.

Vai esmagado
o homem.

22.

Indústria

A indústria,
barragem
que se move.
Pomba
que sai do dilúvio.

E a indústria
é o dilúvio:
corte na montante
aragem.

A indústria
come a indústria
e se dissolve.

A indústria
morde
a indústria,
morde um elo
interminável,
morde, morde
e veloz coordena
a morte.

23.
Mariana

Mariana, Mariana,
nada aprenderam contigo.
Gira a morte
na roldana.
E novo dique
é rompido.

Mariana, Mariana,
nada aprenderam contigo.
Gira a barragem,
roldana.
Gira no sonho,
resíduo.

Mariana, Mariana,
que é dos dias antigos?
Agora no vale a bruma
é pedra, barro
e jazigo.

24.
Pedra adotiva,
ferrenha

Quanto a pedra
no homem
é adotiva
e ferrenha.
Ou não existe
o homem.

Só o ferro
é que reina.

Quanto a pedra
no homem,
quanto o homem
na pedra,
se tanta
calamidade,
mortos
e mortos
engendra.

Enterros

Os enterros
vêm do rio
e o rio
a si mesmo
enterra.
Pedra
de tumba,
o vazio.

E os mortos
dentro
da pedra.

25.
Viagem dentro

Não é viagem
a queda

do homem
dentro
do rio.

E a pedra
mais generosa
pode contê-lo
no cio.

A loucura
não enxerga
nesta retina
a vereda.
É a morte
bem mais cega,
que se abre
como pedra.

Não é viagem
o barro,
o ferro
que se preserva.
A morte
se abre
na treva,
se abre
por dentro:
pedra.

Mas a carnal
espessura
do rio
parece
ruir.
Que a morte
só tem
altura
e manha
de consumir.

Não é viagem
o barro:
aranha
dentro
do fio.

A morte
sem intervalo
no ferro
não tem desvio.

E o instante
na noite preso,
fumega
com seu pavio.

Não é viagem
a queda:

é explosão
dentro
da pedra.

26.

Cruzar a nado

Como cruzar
a nado
o ferro
posto
no barro?

Ou é garrafa
sem gargalo,
com rolha
do céu
avaro.

Como cruzar
a nado
a correnteza
do tempo,
se não há maré
ou barco.
E a viração
ao comprido
é pompa,
onde não
embarco.

Não há motor
na descida,
apenas defuntos
e altos, os corredores
da brisa.

Motor da morte

E o motor
é a morte
espessa,
a morte
sem
encomenda.

E como cruzar
a nado
o lamaçal
que se deita
e os desatados
roçados?

Mas eis que a dor
se alimenta,
entre sargaços
e a estreita
fechadura
dos destroços.

Ou que a vida
então conceba

lenta gorjeta
dos ossos.

E o motor
é a morte
toda
na varanda,
sem consórcio.

Como cruzar
a nado
a marca
do homem
dentro
desta povoação
de barro?

27.
Energia, adubo

Muita energia
semeia
tal adubo
de mão cheia.

Adubo de corpos
lestos, corpos
como se nos cestos
de maré coubessem
tantos.

Adubo, que,
funcionário
serve a gorda
freguesia.
Adubo
de casto pranto,
ou pavor
na serventia.

Muita energia
semeia
o adubo
de terra fofa,
terra cariada
na toca.
E abutres
de ouro
podre.

Corpos
e corpos,
cântaros
de urtigas,
guenzos,
expostos.

E a sua voz
ninguém ouve.
Porque o talvegue

dos vivos,
apenas aos mortos
sorve.

28.

Oficina de água

O terror
tem oficina
de ativa água
no barro.
Ou balde
em poço
do dia
e solidão
sem reparo.

E há um motor
de morte acima,
motor carregando
corpos. Seu
rumor como
dobre
de finados.
Dobra, cobre
o lençol
agora enorme
do barro
sobre o relvado.

O motor de morte
acima: nada mais
parece nobre.

O pobre   E sem o que vestir,
o pobre
se envolve
no cobertor,
jornal, sob
a invernia.

Chove, chove
e o pobre
leva a marmita
da tarde
e pelo vão
se recolhe
nesta engrenagem.

E rente,
ou mais longe,
a limpa
vastidão
de homem
que morre.

Lágrima, explosão   E se há
lágrima
na perda:

é explosão
dentro
da pedra.

29.
Aluguel da morte

O que se espera
da cova, o que
se espera do barro,
o que se espera
do homem
enterrado
sob o ferro?

O que se espera
da enxada, salvo
cavar até o eito
de achar corpo
em prestação,
ou aluguel
pagar à morte,
sem invento?

O que se espera
da enchente
de uma barragem,
em viagem, salvo
o caixão por bagagem,
áspero, isento
de peixes?

Cova, mortalha

O que se espera
da cova, sem fiscal,
contraparente,
como a farinha
na sopa, mortalha,
que já sem pressa
caminha.

O que se espera
da porta,
que não se aguarda
do rio: o que a morte
transporta
é sem porto
e sem navio.

O que se espera da cova,
do barro, do ferro
na água, senão
as longas coroas
de vargem,
que não deságua.

Carregar de mortos

Não é chegado
o conforto, nem
opulência no fardo
de carregar
tantos mortos

em grosso rio,
férreo, árduo.

O que se espera
da cova, o que se
espera do barro,
o que se espera
do homem
dentro da morte
e seu caldo?

30.
Suporta

Só o morto
suporta
ter a morte
em sua cara,
quando a morte
sente falta
de mais convivas
na pauta.
Porém, tão mal
se comporta,
que emudece
a resposta.

Só o morto
suporta
ver da morte
sua cara.

Mas ela, não,
não se importa,
com a bruma
que então
dispara.

Heroicos bombeiros E os bombeiros
heroicos
tiram da morte
a prosápia,
como se os mortos
mais vivos,
aparecessem
sem capa.

31.
Compaixão Pode haver
compaixão na morte,
quando a barragem
enlouqueceu na sezão
de correr água
sem margem?

Pode haver
compaixão da morte
ou desta moagem,
que o ferro
traz junto ao chão
de mortos
sem equipagem?

32.

Sei, vai despido o morto,
sem a cobiça ou fadiga.
Morto de nadas no horto,
insatisfeito da lida.
Despido, já sem baralho
na carta do acaso, lâmina
de dura água ao pescoço.
Mortalha de lama e galhos.

Despido em caixão barato,
como foi barata a vida.
E tão caro este aparato
ao redor dos que morreram.
E vai despido de alma,
vai de flor acompanhado,
ou apenas flores de várzea,
que não é outro o legado.

Nau do corpo

Desfila o defunto, a nau
do seu corpo combatido.
Veleja firme no vau,
onde o vento foragido
carrega o vazio, degrau
da morte: jaz sem marido.

33.
Mortos indefesos

Indefesos, os mortos
todos de Brumadinho.

Foram surpreendidos
quando a barragem
corroeu de ferro
e água a essas
presas. Ó furtiva
caça de animal
humano, cívica
carcaça, preferido
alvo para o ínvio
abate.

Indefesos, os mortos
todos de Brumadinho,
que a morte é tão
canhestra, certeira
mestra, brasileira.
A morte na pontaria
mais esperta
se engatilha.

Indefesos, os mortos,
nada sabiam,
muito menos
desconfiavam
de serem
assim ceifados,
mais que a tiro
de espingarda.

Em igual carga,
indefesos,
os mortos
juntos, coesos,
caídos e devolvidos
ao pó terrestre.

No entanto,
não confundidos,
inda que agora
presos ao mesmo
til e destino,
todos foram
moídos na
imprevidente
roda dalgum
furioso moinho.

34.
Julgar da moeda

A moeda
é que julga,
vértebra
inconclusa.

Porque o sono
da república
tem pesadelo
na rua.

A moeda
é que julga:
dentro
da morte
espessa.

E o poder
se retesa,
ou subtrai
o justo
juízo.

Quando
o barro,
oceano,
é aviso,
o explodir
da represa.

35.
Vagão de água

Eis a viagem da morte
por barragem, de emboscada.
Sem idade, se o transporte
tem vagão de água e ferro,
com rumo na pressa: eterno.

Viagem da morte e siglas,
que a empresa desfere ainda.
Mas não carrega bagagem

e nem terno de visita,
o que viaja embrulhado
pelo cavalgar da aragem.

Viagem de morte feita
no atacado, sem guarida.
Rebenta a represa, seita
que leva em locomotiva,
prisioneiros da moenda:
profissão de não ter vida.

36.
Medida

Não se mede o homem
e nem se mede o barro.
O que distingue a fome,
no sopro é que deparo.

Eterno, lento some
e com palavra eu narro.
O que em argila deita,
levanta-se num halo

de janela, ou na frincha
do coração: que nome
é amor que se consome.
E só na luz habita.

37.

Dor turva da água

Humanos,
não solve
a língua
esta dor
de a água
turvar-se
sem saliva
e submeter-se
à míngua,
entre lodo
e a cavada
sílaba: entulho,
mercúrio,
desdém.

Justiça

Humanos, como
a justiça
acolherá
tais desígnios?
Quem recupera
estas vidas,
o seu serviço
e seus vínculos?

Humanos,
onde uma escada,
onde espírito
ou matéria,

que devolver
possa ao povo,
a solda, o soldo
das perdas?

Humanos,
não há beleza,
nem a tragédia
é inocência,
que, pelo espólio,
se herda.

E decomponho
sem ódio,
no pudor
a morte toda.

38.
Degradação

Com barro
até a morte
se degrada.

E nem a filosofia
de estudá-la
se consagra.

E depois
da morte
é morte,

caro percurso
dos vermes.

E os que perecem,
se vingam
pesados,
inermes.

E por sagazes
os mortos
já não carecem
de idioma.
Vingam assim
na soma

eruditos insetos   de eruditos insetos.
E cada defunto,
decerto,
é como se o mundo
cessasse.
E a história
insensata, sem haste,
ou hasta pública
dos sonhos.

No barro
até a morte
se degrada.
E não esconde
nada.

39.

Mito

O mito em ferro
e barro se repete.
Porém, cristal,
verte água.

Mas não há lei
na morte,
ou à natureza
rebelde.

E o mito é uma
larva verde,
bem junto
da lenta
lente
do desastre.

Mas se o mito
é sarça,
relva: eu não irei
arrancá-lo.

Como na roda,
o aro, o que
se gasta
é futuro.

Ou até a morte
no barro
se degrada.

E o desespero
é um muro, atado
ao nada.

E no escuro
é que os mortos
pesam.

40.
Envelhecer

O barro envelhece,
como a dor,
o trauma.

E o barro
convoca
as rugas,
envelhece
o casario
e os desvarios
do rocio.

E é absoluto
o páramo
de limo
e anchas,

288.

Botas

do poder,
as botas
pisam pescoços,
efemérides
e rostos,
pisam animais,
dejetos,
mariposas,
de ferro,
o céu.

E, aqui,
até mesmo a água
envelheceu.

41.
Insuminações

Do barro
surgem
espécies
de fauna
informe,
cavalos
de milênios
sepultados,
unicórnios
de serpentes,
ancestrais
que vão
fugidos

de vespertinas
batalhas,
colhendo
ainda os despojos
de orgulhosos
inimigos.

Brumadinho,
ó Mariana,
que é dos dias
antigos?

41.
Venda da morte,
venda do barro

Meu País,
sempre
tropeças
no mesmo
ferro
e no barro.

Meu País,
e não goteja
a fêmea manhã
no tarro.

E a língua
no rio
é um talho

de adaga
na corrente.

E a língua,
mesmo cega,
possui olhos
na saliva.

Ou possui
na vista,
ouvidos,
pois o barro
fala sílabas
e escuros
esconderijos
de algum porão
na matéria.

Porém, com
quantos dólares
de sangue
irrompe
a barragem?

Dólares
de pulmão
rouco
e longa água
de barro.

Quem há de bebê-la,
quando
só é potável
o orvalho?

Ou talvez
o barro sirva
para vender,
libra a libra.

Ou vender
consigo
a morte,
que depressa
se equilibra.

42.
Parição

Vão parindo
na tocaia
os quotidianos
delitos,
caves,
vírgulas
ou cíngulos.

Vão parindo
metafísicas,
símbolos,
numerário

de nascença
soletrando
senhas, algemas,
perigos.
Nesta caverna:
o jazigo.

Honrarias

E dele
brotam medalhas,
ruas com nome,
estátuas,
sacada
em furtiva
fama.

E a morte
é contemporânea.
Mesmo que não
se queira.

Igual a goteira
aflita neste telhado
de areia.

São contemporâneos
os mortos
no esboço,
quase composto,
desta estação

de barro,
sem comboio.

O mais
não sabemos.
Nem saberemos
como cada morto
guarda de água
ou de barro
o segredo.
Sem o revelar
por cerco,
por suspeita,
ou desamparo.

Cada morto
dorme agora
sem defeitos,
no encanecido
selo do mistério.

Como se dentro
do espelho.
Ou de estar
se decompondo
de veio
em veio.

E o receio
de ir-se
esquecendo
em medievais
contornos.

Descendo,
descendo o fosso
de algum castelo
soturno.

Morrendo
de esquecer,
aos poucos.

43.
Não se destrói

Não se destrói
o homem, mesmo
que esteja
morto.

44.
Morte não melhora

Viver esgota.
E a morte não
melhora
de morrer.
Vivendo
se desconta
e se compensa.

Mas este
é um ferro
que mata.
E na represa
rebenta.

Tantos defuntos
e a morte
não melhora
o mundo.

O ferro e o barro
sob o imundo
fragor
deste romper
do dique.

A morte
não melhora
o mundo
e a infelicidade
da água,
monda,
dispersa-se
nas ondas.
Ou fabrica
seu acervo
na república.

A morte
não melhora.
Só vai mudando
de erros.

45.
Geração do barro

O barro
não é conciso.
Gera mais
barro,
sem o espírito.

A morte
procria morte,
mesmo sem ter
registro.

Mas o ferro
incessante
mata. O ferro
sonega, esmaga
sem alarme
o ferro:
em carne
dispara.
Brada
sem voz,
em desarme.

Ordenações

Ordenação
de rejeitos
junto à província
dos ossos.

Só o que
é disposto
e perfeito
procria
o eterno.

46.
Desgaste

Ó quanto o humano se gasta,
quanto corrói o tempo,
as agruras, o regato
deste respirar ingente.
Como de um jeito falta
hálito, hábito, semente.
Ou é derrubado o alento
por pedras, ferro, conceitos.

Ó quanto o humano se gasta,
se é funcionário ou na fábrica:
qualquer movimento abala
o paradeiro em sua sala.
A sorte tem parceria
no enterro que seguia,
ou segue, onde não cala.

Ó quanto o humano é neblina,
fumaça, broto explodido,
espetáculo sem rima,
velho, velho, desvalido
como instrumento, mortiça
chama que nos ilumina.

Ó quanto o humano se gasta
e a miséria é sem proveito.
E ela está no sol, no vento,
ao prosseguir dia a dia.
Somos humanos no avesso
e na corrente ou porfia.

Ó quanto o humano se gasta!

47.
Rodas

Gasta-se a roda
dos males,
das coisas
no incauto
barro.

Gasta-se
a velocidade
da Terra,
gastam-se
os montes.
O pó

do corpo
se gasta.

Mas por onde
o lodo vinga:
é uma pálpebra
que tomba.

Gasta-se a sombra,
mesmo a morte
se gasta.
Os teoremas,
baratas,
conselhos.

Gasta a roda
dos planetas,
ou as túmidas
galáxias
no firmamento.

Barro: imortalidade   Ou dútil
o barro
escorre
junto
à imortalidade.

E academias
socorrem

velhas fábulas,
formigas,
raivas,
óbitos,
ou cortejo
nos vapores
de ir-se
gastando
a morte.

Gasta-se
até em puro
barro,
a eternidade.

48.

O real: exatidão

A realidade não
mata, dorme
no barro
exata.

Ou se gasta,
gota a gota
no rebentar
da barragem.

A realidade não
mata. Magnólias,
gerânios,

cítaras
mudas de barro,
fuso
no ingrato
tear dos deuses.

E a indústria
sem realidade
mata. Como
detona
a guerra,
ou a peste.
Mata.

Belo, belo

E a beleza
disfarça
cometas
de anos
e vagas.
Como o fulgor
tem indícios
de suspenso
paraíso.

A realidade
se gasta
no barro,
ou entre
as esferas.

49.
Milímetros

É possível esquecer
milímetros
de palavra,
os milímetros
de absurda
imortalidade,
que o barro
sonolento
come?

A realidade
não mata.
E é militar
o dia.

50.
Nada aprenderam

Mariana, Mariana,
nada aprenderam contigo.
Gira a morte na roldana.
E novo dique
é rompido.

Mariana, Mariana,
nada aprenderam contigo.
Gira a barragem, roldana.
Gira no sonho,
resíduo.

Mariana, Mariana,
que é dos dias antigos?
Agora no vale a bruma
é pedra, barro,
jazigo.

E decomponho
no ruído,
com pudor
a morte toda.

A morte
que ora
repousa,
por muito
já haver
morrido.

51.
Poeta

Esforça-te, Poeta,
para que o barro
não te invada.
E tens, porventura
a idade do vento
ou a idade
das árvores?

Talvez ao
morrer,

mais valhas.
Nem dás
tal prazer
aos vivos.

Nem te acomodas
a este ritual
invisível,
de absorver
no poema,
o vinho,
sua penumbra
na sala.
E te casas
com o impossível.
Mas não,
não se apaga
amor
com água.

Mas vida
com vida
é paga.

52.
Cinzas

Sem recibo
e devagar
o barro
sem fogo

aflora.
A fama, torpor
e glória
sem pressa
fluem
junto às cinzas.

Mariana, Mariana
nada aprendemos
contigo.

53.
Semelhantes

Se amamos os semelhantes
e os semelhantes nos amam,
como seremos distantes,
quando seus vultos nos chamam?

Ou que fantasmas se adornam
deste barro todo em sono,
que condição temos todos,
se perdidos sem retorno?

Ou em volta, girando o círculo,
humanos, humanos, quando
estaremos no comando
desta luz de alado vinco.

Não há virtude na pedra,
mesmo se a dor assume,

ao lavar feridas cegas,
perto da morte e seu gume.

Meus semelhantes, a chave
deste verdor sem reclamo,
é estarmos juntos na árvore
de eternidade nos ramos.

Nascemos e não sabemos,
onde a sina se demora,
por se alongar o que chora
e tudo é o que apenas vemos.

Por se acharem os sentidos,
abertos, de acesos faros.
De mudar tanto a fortuna,
já nos condenam ao barro.

54.
Continua

Brumadinho continua.
O barro perdeu
sotaque.
E a noite
engoliu
a lua.

Brumadinho
continua,

segue
apesar da lua.

Apesar das intempéries,
dos defuntos
e das febres,
Brumadinho
segue.

E sem cessar
contemplamos
o incansável esforço
de equilibrar o ferro
na graduação
dos ossos,
sob a máquina
da terra.
Só não devolvem
os mortos.

Obstinado, Brumadinho
segue, com o capote
de maçãs que
vai sobre
o ombro,
pote.

E galgos
correm advérbios

de crepúsculos
e fontes. Só
não devolvem
os mortos.

E a morte não tem odor.
Tem no horizonte
galope.
Com a vida forte,
mais forte.

55.
Saciedade

Quando o dia
está maduro,
saciado de favo
e sumo,
viver é excesso
de rumo
e onda de ferro
o sonho.
Se o acaso vem,
me recolho.
Dédalo, entro
no espelho.
E é militar
o dia.

56.

Autoridade

Incansável a terra,
incansáveis os mortos.
E a existência que criamos
não se rende nos escombros.

Ou a morte, gangorra.
Ou acaso não voa,
sem estação, andorinha?

Em abas de ferro e barro,
o cemitério na bruma.
Senhorial autoridade
dos que a morrer
continuam.

57.

Vida esgota morte

Mas a morte
não esgota
a vida,
a morte
não.
É a vida
que esgota
a morte.

Brumadinho continua,
com outras casas, escolas,

ou seu comércio
sem barro.

E de água limpa
o rio com peixes,
pássaros.

E uma ciosa ordem
de cães, animais
e reses.

Como ventre
que dá cria
a novo povo
nos meses.

E com facada,
a memória
pôs para fora
reveses.

O ferro enferruja
o barro
e enlouqueceu
sem asilo.

O exílio
da morte,
longe,

desprevenida.
E não muda,
presa a si
mesma,
recurva.

É a vida
que a morte
esgota.

Vida, que
alfabeto e rota,
lê na derrota,
vitória
e o reparo
na hecatombe.

Não se degusta
cartilha ou volume
de ruínas.

Se o mal
já no mal
se esconde,
banimos
com sol,
a agonia.

Inda
que os mortos
não tornem,
por continuarem
morrendo.

E escrevo
sobre a borda
da econômica
rapina, sobre
a dor, sobre
o gemido:
o homem
jamais termina.

Pode fatigar-se,
pode se acabar
dentro do pranto,
pode transformar
em canto a sorte.
Pode ser livre,
como as aves
em recanto,
junto ao álamo
da noite.
Pode num só
ser muitos.
Ou um povo
que reside

em alma geral,
por onde
de amor
resiste.

E por superar
a fome,
ou a horda
de infortúnio,
o homem
jamais termina.

E transido,
recomponho
com ruído
e pelo sonho
que transborda,
este sopro:

a vida
na vida toda.

A TRAGÉDIA É O QUE NÃO SE APRENDE. Tivemos o espetáculo sombrio de Mariana, com o soterramento de uma cidade, com morte de pessoas, animais e peixes, em 2016, por sinal, a maior tragédia ecológica do Brasil e uma das maiores do mundo. No mesmo ano saiu O MONUMENTO AO RIO DOCE, que se tornou infelizmente profético, com o rompimento da represa de Brumadinho, também em Minas Gerais, com iguais circunstâncias de horror. E efeitos mais terríveis, diante da ocorrência de mais de duas centenas de mortos e inumeráveis desaparecidos no lodo, com o fim do Córrego do Feijão e a contaminação do rio Paraopeba e o São Francisco. Mortos discutem com os vivos. As famílias enlutadas. O barro da agonia ou da negligência industrial e o ferro ardiloso do nada. Com crimes. E construção de escombros. Sim, o povoado jaz inerte, com o desastre da fauna e flora, sob a lama enrijecida. Sem epitáfios.

Salvo este livro de ferro, luz e barro.
E eu, Carlos Nejar, servo da Palavra, dou fé.
Rio de Janeiro, 20 de julho de 2019.

A Amazônia dos Awás

[lâmina
e ganância]

Ninho.

A selva, ninho
das coragens
do homem
e o homem,
ninho espesso
da selva.

Os Awás.

As árvores conhecem
os Awás, nômades,
tribo invisível,
ignota.

União.

Vivem uns juntos
de outros.
Como é difícil:
perder-se
o amor na rota.

Fala.

Os Awás falam
com as árvores
e o vento farfalha,
larga suas tardas
lentas gotas.

E é guajá o idioma
do rio, guajá
a língua dos peixes
e das matas,

entre animais
e sonhos.

Madereiros,
grileiros.

Os brancos,
tão civilizados
ou bárbaros,
estão longe,
intrusos
e se chegam,
querem derrubar
as verdes
labaredas
árvores.

Querem derrubar
a lenha de suas
chamas. O ouro
das escamas.

Importância
das árvores.

Mas as árvores
são as peles,
lumes, tambores,
festa copiosa
e corpórea
dos Awás,
glória
da aldeia.

2.

Ganância,
lâmina.

Os brancos
querem madeira,
querem lotes,
campos, eiras,
querem as árvores
para a morte.

Morte.

E a morte
de cada árvore
é a morte dos Awás,
o avançar na terra
é o avançar da morte.
A vidraça
da noite.
E o açoite
do amanhecer,
balaio.

Índios e o céu.

E os Awás
se reúnem
e se abraçam
ao céu.

Enquanto houver
Awás, o céu
se acalma.
Enquanto o céu

respira, o povo
Awá tem alma.

Os civilizados.

E os brancos,
estranhos,
civilizados
e invasores
vão perdendo
alma para a noite,
perdem o branco
trovão
dos símbolos.

Tentam investir,
arrebatar a paz,
o território
na gula da madeira,
ódio que enferruja
as ervas.

Afugentam.

Querem afugentar
o rio, as corças
águas.

Mas o ninho
dos pássaros Awás
é a selva.
Ou interminada
floresta do coração.

E não há velhice
na lágrima.

Muito menos
se conserta
saudade
na gastura.

E a absoluta
estrela
não recua.
Como se de uma
coluna, os frisos.

Paraíso.

E o que acontece —
e os Awás conhecem —
é a ariscada, pura
esteira
do paraíso.

3.
Mãe e silêncio.

Nada do que é dito
rincha,
como o silêncio:
vírgula
errante
deste povo.

A Amazônia os ama,
mãe extrema,
que os guarda
em ubres troncos.
E os amamenta
no rocio
ou no formoso
suar da tarde,
cavalo em cio.

E se os Awás
se acendem
no amor de um
a outro, no abraço,
a selva se acende
de flores, cipós,
folhas. Explode
o riacho
das horas.

O que vinga.   Nada vinga
sem o vento,
irmão dos Awás,
atirador
de vertentes
e vaus.

Nada vinga
sem a terra,

seu caminhar
com o povo.

Terra ambulante,
emprestada,
com o caroço
gregoriano
das sementes.

Nada vinga
sem as correntes
de aves ou as árvores.
E o eco tortuoso
das hortas
da montanha.

E as árvores
são casas,
fogo molhado,
língua, o gurupi
soluço.

E o hálito da alva,
confuso.
Mulheres, homens,
crianças
dentro do calmo
precipício,
a floresta

e a litigante
senha
dos pés
serpenteando
o barro.

Mesmo o barro
do medo.
Rompendo
às vezes
a anêmona
furtiva
dos limites.

4.
Chorar.

Humanos,
vale chorar
por quota
de floresta,
por quadras,
traços,
troncos.

Chorar de vida
nos ramos
da brisa.

Chorar
de eternidade.

Longe, longe
do bronze
de estranhos
brancos
e toscos.

Longe
dos que atropelam,
desmatam, vazam
o torrencial cântaro
dos sonhos.

Sim, vale chorar
com musgos,
plantas, bichos
-caçados,
sobreviventes.

E os indícios:
a pegada
sagrada
dos vivos.

5.
Tempo.

O tempo dos Awás
é o tempo da fuga.
A caminhada surda
sobre a epiderme
de rugas, o solo.

Pó das sombras,
o colo das vogais
e consoantes mudas
de juritis, garças,
ruídos e o ventríloquo
lago. Mosquitos,
aranhas, micos,
vínculos e músculos
de ébrios cipós.
Aldeamento
de punitivas formigas.
Com a carnívora flora
de monástica ordem.

E o que mais foge
com os índios,
é a pancada voluptuosa
do fogo. E a volumosa
aurora.

6.

Os Awás: rio.

O rio moldou os Awás,
Como molda as pedras
e as vai polindo.
Assim o rio deu
o movente formato
dos Awás, o andar
em ondas, de fuga
em fuga. E puro,

simples, faz as coisas
numa só amplidão
de encostas, margens.
Até os Awás ficarem
rio de palmilhar
o peso da terra
ou encontrar o tino
da floresta. Rio
de percurso na alma.

7.
Água: povo

Água, sangue dos Awás.
Água verbal, que mede
sonhos. Água invencível,
sem defeito. E é rapto
do repuxo, povo.
O vento geme, morde
a água que se move,
espírito. O que é eterno
gera o eterno. E não há
termo de relâmpago,
diamante, de água em água.
Perseguida tribo, com
esconderijo na memória,
sabe quanto é áspera
faca, o homem. Mas o
que pode a água, pode
o povo. E sem distância
amor se abre em liberdade.

Sabe que cada dia de água
é inefável, cada dia de vida
se paga e se ganha. Cada
gota se conquista na vitalícia
renda. E os Awás se multiplicam
com vivenda na herança
das marés. Água adotiva, povo.

8.
Evidência.

A evidência
dos vivos
não separa
o vivido.

A água
insuspeita
escoa
e ao final,
se esvai,
onde a rocha
piedosa sonha.
Una, perfeita,
água que
escuta
o espírito.

Caças.

E vem a caça da madeira,
a caça aos índios,
que é caça às nuvens.

A caça a uma tribo
que resiste à extinção
e se adelgaça de rumo
em rumo. A caça
da floresta, ao sumo
perigoso das árvores.
A caça à inteligência
e à cor da pele,
a caça aos humanos.
A caça da noite.

9.

Piedade.

Mas existe piedade
aos Awás, que fogem,
como se fossem mortos,
sendo vivos?
Fogem do próprio
vulto. E é curto
o vagar das raízes.

E se há pressa,
não regressam de esperar
na fuga, a vida.

Tal se não houvesse
pátria, ou a pátria fosse
o fim das cicatrizes.

10.

Pátria.

Não, a pátria não está
entre os Awás. Que pátria
é ir em fuga. E os povoa
a solidão como as plumas
das águias na montanha.
Invisíveis se sucedem
na estranha ocupação
de continuar. E os Awás
não se esquecem
do universo, ao perturbá-lo,
por amarem o excesso.
Que com eles se oculta.

11.

Entendimento.

Um monte
fala ao outro,
o povo Awá entende.
Como a música
na harpa dos milênios.

O povo sempre
entende o torto
andar
da tempestade.

O fio do sol
pelas veredas
e fundos.

O povo entende
o cantochão do milho.
E colhe.

Só não entende
o truque, o trinco,
o investir dos brancos.
O abater
com máquinas
árvores,
árvores.
E o elefante
de velhos
horizontes.

12.

País.

O país dos Awás
é onde o humano
encontra
sua voragem,
a aragem
das maçãs,
o capinzal
das chuvas.

Idades
e nudez.

As idades do homem
nas idades
das folhas.

Os Awás têm rosto,
mãos, instantes,
corpos, numes.

Existem
como existe
o dia.

E não há nudez
nas ázimas sombras.
A nudez é do instinto,
o vegetal ritmo
da incessante
criação, o rebolo,
o silábico ciclo.

Avessos à selada
cobiça dos brancos,
ou bárbaros.

Cobiça.
Luta do povo.
A cobiça da morte.

E a própria morte
é caça dos Awás.
As flechas e lanças
vorazes atingem
o peito da morte.
Animal ferido.

Sonhos.

Todos os sonhos
dos Awás
dormem
com os sonhos
das árvores.

13.

Comem a morte.

Percebi, humanos,
que o que prolonga
a agonia,
é o acabar
da luz.

E os Awás comem,
comem,
mastigam a morte.
Mastigam, mastigam,
vencendo a consorte
úmida
de sombras.

Mitos.

E os mitos, pombas,
caem das árvores.

Infâncias.
Ritos.

Infâncias vestem
os Awás,
sob o ritual
das lanças.

E como pode
o homem
escurecer
a infância
de outro?

Dança.

A tribo dança
em torno da infância
das árvores, infância
do mundo,
como a madrugada
na roda dos
montes
ou dos mortos.

Linguagem.

A tribo murmura
a linguagem, igual
a uma pedra
noutra.

A pedra
que chora
a avoenga
maternidade
das estações.

Uma pedra
gaguejante:

fala guajá
da alma.

Sussurro,
ditongo do mundo.
Onde não há
exílio.

E a ordem
é apenas amor
que se resigna.

Gerações
no amor do povo
por si mesmo.
Como rio
que se estreita
na foz.

Voz e fábula.   A voz de muitos
e ocultos
na tábua
da noite.

Ou fábula
que arrulha
nas árvores.
Garrucha
de nuvens.

14.

Inventação.　　Sim, de árvore
em árvore,
os índios
da reserva
biológica
de Gurupi
se inventam.

Mistério.　　E não querem ser
descobertos,
não querem
expor a magreza
do mistério.

E o decifrar
dos brancos
é opróbrio,
rapina de madeira.
Jamais o límpido
desvendar
do homem.

A madeira.　　E a madeira é o homem,
que não carece
de ser inventado,
quando se descobriu
sem medo.

A madeira suntuosa
de uma estirpe
que não se dobra.

15.
Descoberta.

Mas os Awás
sabem devagar
ir ativando
sua infância.
Que a escuridão
bebe sem
a forquilha
das estrelas.

E a glória
deste povo
muda de lugar,
muda de pouso
e fojo.

Muda de pele.

Como se mudasse
de pele.
E vai mudando
na selva,
tal serpente
descascando
até o cerne.
O óvulo

do alvorecer
inerme.

Germe
dentro
da semente.

Povo
que se amoita
no fruto.

16.
Anciãos.

No centro,
os anciãos venerados
da tribo:
assentam-se
junto ao fogo
e as cãs brotam
com os gerânios.

E só há uma velhice,
a dos sonhos.

Proferem
jovens palavras,
sílabas aldeãs
e sábias.

Palavras
que gotejam
nos ouvidos
do povo.

Todo o esforço
é a glória
do intocado
vinco de viver.

A sonolenta,
limpa água
de beber
o tempo.

17.
Do riso.

Mas os Awás riem,
de alvos ou cariados
dentes, riem
de a morte
chorar.
Quando a vida
nem repara
de outro lado
da noite.

Sola do instinto.

E ao mudarem
de toca e taba,
debaixo do riscado

ar, debaixo
dos nomes,
debaixo das
brasas e cinzas,
não seguram
a sola do instinto,
os pés correndo
dentro deles.

Invisíveis.

Desconhecidos
e por não estancarem
nunca de vacância,
são invisíveis.

E a sombra,

Equilíbrio.

lava do equilíbrio.
Quando os Awás
se equilibram
como flechas
na aljava.

18.
Vasos.

O povo
se ajunta,
junto aos vasos
na argila
sob o fogo.

Os vasos da fala.
E os vasos fundos
das pupilas
do povo.

Qual a serventia
dos vaga-lumes
das sílabas,
entre as virguladas
chamas?

E crepitam
os vasos da noite,
crepitam
de enchidos
astros.

19.
Por que matam?

É instruída
a sensatez
do nada?

Amazônia, Amazônia,
por que matam
os símbolos,
as empinadas
calmas, fados,
fatos, seres?

Matam o zumbido
dos meses?

O impossível.

Só amamos
o impossível,
se deitarmos
nele.

Amazônia, Amazônia,
por que a luz
entorpece o bosque,
com o lobo
da memória?

20.
Floresta.

A floresta
tem a forma
dos sonhos
dos Awás.
A floresta
é corredor
da alba.

E os Awás têm
um só receio,
o sorrateiro
avanço
grileiro
ou madeireiro.

Chefe dos Awás.

E o chefe dos Awás
proclama:
— Os brancos estão
matando as árvores.
Vamos enfrentá-los!

A coragem é inocente.
A morte não.
Engole
imagens
e homens.

21.

Caça e medida.

É instruída
a sensatez
do nada?

O que o homem
caça no homem,
senão a dor, agonia,
suspeição, rapina?

E o que o homem
não planta, destrói,
rói com a lâmina
da usura e os ossos
de penúria.

E não se caçam
pássaros
no homem.
Mas a fome.

Mesmo
que a medida
do homem
não caiba
no homem.

22.
Saque.

Mas o que falam
as árvores,
o vento fala.

O que falam
as árvores
que não querem
ser contadas
ou cortadas?

Indefesas,
afoitas
ante a fúria,
o saque.

Coléricas:
veem grileiros,

madeireiros
com as serras,
o cair do lenho,
o ruir das lâminas,
o choro da resina.

É resina
o homem?

23.
Entranhas.

Amazônia, Amazônia,
quantas entranhas
guardas,
para serem rasgadas?

Quem cantará
com as aves?
E onde cantam,
se os ramos
tombam
sem folhas?

Mas árvores caem
no sangue, sobe
o arcaico ganir
das veias,
fonte
de grossa
encosta.

E o sangue,
pedra de
relâmpago,
rasga,
irrompe.

Árvores: medida.

E se os índios
têm a medida
das árvores,
todas
as medidas
exultam
no amor.

24.
Sensatez.

É instruída
a sensatez
do nada?

Quando a luz
é enterrada,
desce o escuro
de nível.

Ou é desatada
a força
do tempo
no equilíbrio.

Como é possível
o Brasil não ver
o sumir
sucessivo
das árvores,
o desplumar
da floresta,
com serras,
machados,
facas, armas,
lavados
tiros?

O país
não vê,
o que o mundo
todo está vendo,
atônito?

E tudo rebenta
num só suspiro.

25.
Dor, rifle.

Ninguém conhece
a dor da árvore,
a fala do surdo
rifle na seiva.

A semente da dor
na bala: o fruto.

Terror.   Ninguém conhece
o terror dos Awás
diante das temporãs
abas de uvas, chuvas
de sangue, o paletó
zunindo de plantas,
o uivante sertão
das árvores
sobre o lagar
da floresta,
o mosto do peito,
alma ancestral
e cavada,
que pesa.
Secreta,
sob o medo.

O mundo foge
de Deus,
quando a morte
esconde o mundo.

26.
Pedra do sol.   Esconderá, esconderá
Flechas, Lanças.   até quando?

350.

Raios.

A pedra do sol
sobre os Awás.

Flechas contra
armas, lanças
voantes. Gritos.

A pedra do sol
rolando, rolando.
Qual é o prazo
da agonia,
o fôlego
dos gemidos,
o sino?

E os brancos
avançam,
com o sol
que ataca,
defendendo
a floresta.

E cai o sol em cima,
com pedras na mão,
os raios rolando.

E os homens
caindo nos raios.
Caindo: grãos

que se atrasam
na sina. Ou
se desfazem
de cerco
em cerco.

É preciso conter
a goteira do tempo.

27.
Amazônia.

Amazônia, Amazônia,
quantos estados
de morte
com o despedaçar
das árvores,
com tua amásia energia
de se volver
para o eterno?

Os Awás
puxam viagens,
junto à porta
dos igarapés
descalços.
E os charcos
cegos
de infância.

Casulo.

Índios deitam
no sono,
como em casulo
a lagarta
e o voejar
da borboleta.

A aldeia inteira
dorme.
Como os cerrados
cílios
nas sobrancelhas.

E palavras fazem
comprido amor
nos sossegos.

28.

Falarão?

Falarão as árvores
o que sofreram
de arfantes
madeireiros?

Falarão as árvores
quanto as mães Awás
tremeram
no avanço,
amendoado
susto,

dos brancos,
de rosto
humano?

E que governo
escuta?
Flores engasgam
no pavor.
Como se
nalgum fosso.

Mudam pouso.   E os Awás mudam
de pouso,
atravessando
a floresta.

E só a lua
percebe
o vagaroso
trajeto
dos índios
na terra dura,
entre as abelhas
silvestres,
ou se agarrando
nos troncos.

E o céu não
tapa sua testa

e a terra move-se
em laços:
movediço
útero.

Sem filiação,
a solda
de correnteza
nas margaridas
e lírios.

Com a tribo
na perna mole
das léguas
e dos sentidos.

Surdeiro
e distraído
o voar de sonda:
as rolas.

29.
Ensino.

O que nos ensina
a selva, é o mesmo
que a vida ensina.

E os Awás vagam
no mato, ao encolher
da redoma

da noite
que se desfolha.

E livre, amor
é um solto,
desafiante
rosto.
Amor enorme
no sopro.

30.
Não se terminam.

Os Awás chegam
e não são terminados.
De vento, que alma
entende.
Sendo de si,
calando.

Vasto, liso
o tocar de passos,
sob arbusto
de turvos
eitos.

Sem justiça.
Invisíveis.

Os Awás:
invisíveis
à justiça,
invisíveis
na antiguidade

da romagem,
comandando o ritmo.

Invisíveis no carrear
das mutações
e no tear
das bem nutridas
Parcas.

É sisudo
o esquecimento.

31.
Obstinação.

Os Awás seguem convictos.
A natureza é exata.
Dissipam-se as marés
e o lento sol se gasta.

Passa a memória,
como passam aves.

32.
Cerzida,
devastada.

Amazônia, Amazônia,
por que roubam
tuas árvores,
criando
tamanhas
fendas

no teu coração
de aragem?

Amazônia cerzida,
devastada,
descanso de loucura
revezada.

Resistência.   Mas as árvores
resistem
com as árvores.
Tal a floresta,
em cada vereda
resgata o chão,
o não: à voragem.

E o povo Awá atinge,
por isolar-se, mudar
de lugar a cada trilha,
ser com o nevoeiro:
invisível.

Amazônia, Amazônia,
onde pôr tuas amarras?
Mas se enverdecer a luz,
Amazônia é luz sem data.

E o sentido que nos dá,
vem de tudo o que mais falta.

[colofão]

NO POUCO QUE RESTA de Floresta Amazônica no Maranhão, vive o povo Awá, conhecido como "o mais ameaçado do Planeta". São pouco mais de 400 pessoas, cercadas de municípios que dependem da extração da madeira. Os Awás falam guajá, do tronco Tupi. Só alguns sabem um pouco de português. Eles são um dos últimos povos apenas caçadores e coletores. Vivem da floresta e pela floresta.

A terra dos Awá-Guajás já foi demarcada, homologada e registrada com 116.582 hectares. Todas as contestações judiciais foram consideradas improcedentes. Ela está dentro da Reserva Biológica do Gurupi, criada pelo presidente Jânio Quadros em 1961, e que tem o mais alto nível de proteção ambiental. Mesmo assim lá estão os grileiros e os madeireiros derrubando e queimando a floresta e encurralando os índios. Essa área da Amazônia é única, porque é a porta de entrada da floresta, e algumas espécies só existem lá.

Os Awás fugiram do contato com os brancos por quase 500 anos. Chegaram a ser chamados de "índios invisíveis". Foram contatados só a partir de 1979, e alguns indivíduos permanecem fugindo. Vivem o momento mais decisivo de sua sobrevivência.

Com o ordenamento da Justiça para a desocupação da terra pelos não índios.

A ligação dos Awás com a floresta é ainda maior do que a de outros índios. Num discurso em guajá, um dos líderes da Aldeia Juriti, Piraima'á avisou:

— Os madeireiros estão matando as árvores. Vão matar os Awás. Eu vou enfrentar os madeireiros. Eu tenho coragem! Sei que eles resistirão.

Dou força e fé neste poema nascido em julho de 2019. Com testemunho dos invisíveis Awás e de nossa devastada, cerzida Amazônia.

Carlos Nejar,
servo da Palavra.

CARLOS NEJAR, poeta, ficcionista, crítico, nasceu em Porto Alegre (RS), em 11 de janeiro de 1939.

Fez sua formação primária, secundária e o curso clássico no Colégio do Rosário em Porto Alegre.

Iniciou na Pontifícia Universidade Católica do Rio Grande do Sul o curso de Letras Clássicas, não o concluindo. Formou-se, pela mesma Universidade, em Ciências Jurídicas e Sociais (Direito), em 1962.

Pertence à Academia Espírito-Santense de Letras, ao Instituto Histórico e Geográfico do Espírito Santo, à Academia Brasileira de Filosofia, no Rio de Janeiro, e à Academia de Letras, de Brasília.

Secretário-geral da Academia Brasileira de Letras, exerceu a presidência em exercício no ano de 2000.

Também em 2000, inaugurou a Feira do Livro, em Porto Alegre, onde foi homenageado pelos seus 40 anos de vida literária, e esteve na Feira do Livro de Buenos Aires e no Congresso de Escritores de Veneza.

A publicação *Quarterly Review of Literature*, de Princeton, Nova Jersey (EUA), em seu cinquentenário, escolheu o poeta como um dos grandes escritores da atualidade. Único representante brasileiro indicado pela influente revista norte-americana, é colocado no mesmo patamar do espanhol Rafael Alberti (1902–1999) e do francês Yves Bonnefoy (1923–2016), entre os cinquenta autores selecionados. Figura entre os dez poetas mais importantes do Brasil pela revista *World Literature Today* (2002). Considerado um dos 37 poetas-chaves do século, entre 300 autores memoráveis de 1890 a 1990, pelo crítico suíço Gustav Siebenmann em seu *Poesía y poéticas del siglo XX en la América Hispana y el Brasil* (1997).

É detentor de vários prêmios literários: Prêmio Nacional de Poesia Jorge de Lima, do Instituto Nacional do Livro (1971); Prêmio Fernando Chinaglia, da União Brasileira de Escritores, por *O poço do calabouço*, escolhido melhor livro de poesia do ano de 1974; Prêmio Luísa Cláudio de Souza, do Pen Clube do Brasil, por *Árvore do mundo* (1977); Prêmio Érico Veríssimo, concedido pela Câmara dos Vereadores de Porto Alegre (1981); Troféu Francisco Igreja, da União Brasileira de Escritores do Rio, por *Amar, a mais alta constelação* (1991); Prêmio Cassiano Ricardo, do Clube de Poesia de São Paulo, pelo conjunto da obra (1996); Prêmio de Poesia da Associação Paulista de Críticos de Arte, pelos 35 anos de publicação de *Livro de Silbion* (1999).

Na área do livro infanto-juvenil, arrebatou o Prêmio Monteiro Lobato, da Associação Brasileira de Crítica Literária (1988) por *Era um vento muito branco*, e o prêmio de melhor livro da Associação Paulista de Críticos de Arte (1989) por *Zão*.

Em 2000, recebeu o Prêmio Jorge de Lima, da União Brasileira de Escritores, por *Os viventes*; o prêmio de melhor livro evangélico pela Associação Brasileira de Editores Cristãos por *Todas as fontes estão em Ti*, e o Prêmio Machado de Assis da Biblioteca Nacional na categoria romance por *Riopampa*. Recebeu, também, o prêmio de melhor livro de prosa poética de 2005 da Associação Paulista dos Críticos de Arte por *O poço dos milagres*.

Em 2004, foi nomeado para o Conselho Federal de Educação – Câmara Básica. Em março de 2005, fez conferência sobre a literatura brasileira em Havana, Cuba. Em abril, participou a convite de um Congresso de Humanidades e Filologia realizado em Braga, Portugal. É da Academia de Cultura Portuguesa e da Academia de Ciências e Letras, de Lisboa.

Colaborador de inúmeras revistas e jornais, sendo estudado nas universidades do país, traduzido em várias línguas, é membro do Pen Clube do Brasil, sucedendo a Raul Bopp. Vive no Rio de Janeiro.

Este livro foi composto na tipologia GT Sectra,
em corpo 12/18 pt, e impresso em papel
off-white no Sistema Digital Instant Duplex
da Divisão Gráfica da Distribuidora Record.